François-X
devient cle
une banque
un poste qu'il conserve jusqu'à sa mort, survenue le 3 février 1866. S'il est connu d'abord par le public comme poète, en raison de ses poèmes publiés dans les journaux de 1831 à 1845, il s'impose assez rapidement comme l'historien national des Canadiens français avec la publication de son *Histoire du Canada*. Cet ouvrage à la fois historique et littéraire connaît trois éditions du vivant de l'auteur et une fortune qui en fait un texte fondateur puis un classique des lettres québécoises.

HISTOIRE DU CANADA

Discours préliminaire — Livres I et II

Paru en 1845 et rédigé dans un climat d'abattement moral qui suit l'Acte d'Union du Haut et du Bas-Canada en 1840, le tome premier de l'*Histoire du Canada depuis sa découverte jusqu'à nos jours* met en valeur l'histoire du pays au XVIe et au XVIIe siècles. Dans son *Discours préliminaire*, l'auteur vante les progrès de l'histoire, devenue « une science analytique rigoureuse » depuis la Renaissance. L'*Introduction* présente les grands explorateurs, la découverte de l'Amérique (1492-1534) et du Canada (1535-1543), puis l'abandon temporaire du Canada par la France, de 1543 à 1603. Le *Livre I* embrasse les années 1603 à 1632, qui correspondent à l'établissement permanent de la Nouvelle-France, avec un chapitre sur l'Acadie (la fondation de Port-Royal), un autre sur le Canada (la fondation de Québec en 1608) et un troisième sur la colonie en général jusqu'au traité de Saint-Germain en 1632. Le *Livre II* comprend une description géographique du Canada, suivie d'un tableau des nations indigènes et de leurs us et coutumes. La présente édition, qui reprend les premières parties de l'immense ouvrage de Garneau, permet de reconnaître l'essentiel, c'est-à-dire les idées maîtresses et les manières de l'écrivain.

HISTOIRE DU CANADA

DISCOURS PRÉLIMINAIRE

LIVRES I ET II

François-Xavier Garneau

Histoire du Canada depuis sa découverte jusqu'à nos jours

Discours préliminaire
Livres I et II

Texte conforme
à l'édition de 1845

Préface de Gilles Marcotte

BIBLIOTHÈQUE QUÉBÉCOISE

BIBLIOTHÈQUE QUÉBÉCOISE est une société d'édition administrée conjointement par les Éditions Fides, les Éditions Hurtubise HMH et Leméac Éditeur. Bibliothèque québécoise remercie le ministère du Patrimoine canadien du soutien qui lui est accordé dans le cadre du Programme d'aide au développement de l'industrie de l'édition. BQ remercie également le Conseil des Arts du Canada et la Société de développement des entreprises culturelles du Québec (SODEC).

Couverture:
Gianni Caccia

Typographie et montage:
Dürer *et al.* (MONTRÉAL)

Données de catalogage avant publication (Canada)

Garneau, F.-X. (François-Xavier), 1809-1866
Histoire du Canada
Publié antérieurement sous le titre:
Histoire du Canada depuis sa découverte jusqu'à nos jours,
[Québec : s.n.], 1845-1852 (Québec, imprim. de N. Aubin).
Comprend des réf. bibliogr.

ISBN: 2-89406-124-2

1. Canada – Histoire.
2. Canada – Histoire – Jusqu'à 1763 (Nouvelle-France).
I. Titre. II. Titre : Histoire du Canada
depuis sa découverte jusqu'à nos jours.

FC161.G37 1996 971 C96-940139-6
F1026.G37 1996

Dépôt légal: 2e trimestre 1996
Bibliothèque nationale du Québec

Garneau dans le texte

L'*Histoire du Canada* de François-Xavier Garneau, écrit Laurent Mailhot, « donne l'essor à la littérature, à l'idéologie et à la mythologie nationales[1] ». L'historien, ajoute Gérard Tougas, est le « premier écrivain véritable que le Canada ait produit[2] ». Et Auguste Viatte, auteur d'une *Histoire littéraire de l'Amérique française* : « faisant prendre conscience d'elle-même à une nation, c'est lui qui a mis en branle ses facultés créatrices[3] ».

C'est dit : voici le premier écrivain, voici la première œuvre. Il faut, en tout premier lieu, admirer les dimensions : plus de mille pages d'un discours historique solidement organisé, riche d'idées, jamais embarrassé par l'ampleur de son sujet. L'*Histoire* de François-Xavier Garneau, dont la première édition paraît chez Napoléon Aubin, en 1845, est un événement de l'imprimerie en même temps que de l'histoire et de la littérature. Sans doute imprimait-on depuis plusieurs années, à Québec et

---

1. Laurent MAILHOT, *La littérature québécoise*, « Que sais-je ? », Paris, PUF, 1974, p. 24.

2. Gérard TOUGAS, *Histoire de la littérature canadienne-française*, troisième édition, Paris, PUF, 1966, p. 16.

3. Auguste VIATTE, *Histoire littéraire de l'Amérique française*, Québec/Paris, PUL/PUF, 1954, p. 74.

à Montréal, des journaux et des petits ouvrages, mais le monument qu'était l'*Histoire* de Garneau devait signifier, quel qu'en fût le contenu, une reconnaissance du primat de la Raison, de l'Industrie, du Progrès, toutes valeurs associées, comme l'a montré Marshall McLuhan, à l'imprimerie. Le fond, ici, c'est-à-dire le texte de l'historien, correspondait parfaitement à la forme. Il était, lui aussi, voué à l'exaltation des « progrès humains et de la liberté politique », au combat contre « l'ignorance superstitieuse » : ce sont les expressions qu'emploie Garneau, non sans grandiloquence, dans le « Discours préliminaire » de son *Histoire du Canada*.

L'inconvénient pour une œuvre d'être la première, et de l'être de manière si étonnante, si éclatante, c'est d'être rapidement conscrite par l'intérêt national et d'échapper à la lecture vivante. L'auteur ne tarde pas à être statufié : d'abord par le titre d'« historien national » qu'on lui accole presque aussitôt, la concurrence étant par ailleurs assez faible, ensuite dans la pierre d'une véritable statue, qu'on peut encore admirer aujourd'hui à Québec, près de la Porte Saint-Louis. L'œuvre entre ainsi en « service national », pour reprendre l'expression que, plus tard, Mgr Camille Roy appliquera à l'ensemble de la littérature canadienne-française[4]. Garneau ne l'avait-il pas conçue de cette manière ? C'est ce qu'affirmait un des amis de l'historien, Pierre-Joseph-Olivier Chauveau, dans le discours prononcé sur sa tombe, le 15 septembre 1867 :

---

4. Mgr Camille Roy, « Notre littérature en service national », dans *Études et croquis* (1928), Montréal, Éditions Émile Robitaille, 1936, p. 101-106.

Son livre ne fut pas écrit, comme tant d'autres livres, pour contenter une fantaisie, pour se faire une réputation, pour acquérir la fortune, ce fut une grande entreprise: la réhabilitation d'une race à ses propres yeux et aux yeux d'autres races. Il voulut avant tout effacer les injurieuses expressions de race conquise, de peuple vaincu. Il voulut faire voir que, dans les conditions de la lutte, notre défaite fut moralement l'équivalent d'une victoire[5].

Cette lecture fut, de toute évidence, la plus généralement reçue, comme en témoigne le roman de Laure Conan, *Angéline de Montbrun*:

Aujourd'hui [c'est Angéline qui parle] *j'ai fait lire Garneau. Souvent mon père et moi nous le lisions ensemble. « Ô ma fille, me disait-il parfois, quels misérables nous serions, si nous n'étions pas fiers de nos ancêtres! » Il s'enthousiasmait devant ces beaux faits d'armes et son enthousiasme me gagnait*[6].

La question qui se pose, à la lecture de tels témoignages, est celle-ci: l'*Histoire du Canada* de François-Xavier Garneau est-elle avant tout un poème patriotique, un bréviaire national, une bonne action? Il n'est pas inutile de rappeler que le grand historien français Michelet a été conscrit de la même façon par la cause nationale, et

---

5. Pierre-J.-O. CHAUVEAU, *François-Xavier Garneau, sa vie et ses œuvres*, Montréal, Beauchemin et Valois, 1883, p. cclxxii.

6. Laure CONAN, *Angéline de Montbrun*, coll. du « Nénuphar », Montréal, Fides, 1950, p. 165.

que c'est en le sortant de ce rôle que Roland Barthes a pu en proposer une lecture actuelle, moderne[7]. Est-il possible de faire une opération semblable à propos de Garneau ? De l'arracher à la considération figée de la célébration — ou de l'indifférence — pour le lire d'un regard neuf, interrogateur, curieux ?

Parmi les voies qui s'offrent à nous pour nous approcher de l'œuvre, il me paraît que celle de la biographie n'est pas à négliger. François-Xavier Garneau chantre de la nation, réparateur des grandes injustices subies par la race canadienne : si l'on veut. Mais l'auteur, le personnage de l'auteur a des singularités, des zones d'ombre, qui permettent de nuancer considérablement cette image convenue.

Garneau naît pauvre, et le demeurera toute sa vie, malgré la gloire, les hommages, voire les subsides du gouvernement. Non pas extrêmement pauvre, mais toujours gêné aux entournures, obligé de compter les sous. Crémazie, l'exilé qui s'y connaissait un peu en la matière, a bien vu l'importance d'une telle condition pour l'historien. Il écrivait à leur ami commun l'abbé Casgrain, le 10 août 1866 :

> *Il est mort à la tâche, notre cher et grand historien. Il n'a connu ni les splendeurs de la richesse, ni les enivrements du pouvoir. Il a vécu humble, presque pauvre, loin des plaisirs du monde, cachant avec soin les rayonnements de sa haute intelligence pour la concentrer sur cette œuvre qui dévora sa vie en lui donnant l'immortalité. Garneau a été le flambeau*

7. Roland BARTHES, *Michelet par lui-même*, coll. « Écrivains de toujours », Paris, le Seuil, 1954.

qui a porté la lumière sur notre courte mais héroïque histoire, et c'est en se consumant lui-même qu'il a éclairé ses compatriotes. Qui pourra jamais dire de combien de déceptions, de combien de douleurs se compose une gloire[8] *?*

Notons : « cachant avec soin les rayonnements de sa haute intelligence... » Que faut-il entendre par là ? Que François-Xavier Garneau, conscient de la distance qui séparait ses pensées, ses ambitions intellectuelles, du milieu québécois du XIXe siècle, ne pouvait travailler que dans la solitude, à l'écart de la vie courante, malgré l'appui de quelques amis cultivés, les Philippe Aubert de Gaspé, les Étienne Parent ? Garneau n'aurait-il pas pensé un peu à lui-même lorsqu'il disait que le peintre Plamondon, son contemporain, était « un peintre trop parfait pour le Canada[9] » ?

Il naît à Saint-Augustin, dans une famille modeste, et modeste à plus d'un titre : non seulement ses parents ne disposent pas de grandes ressources matérielles, mais encore l'un et l'autre sont illettrés. Le père s'installera bientôt à Québec avec sa famille, où il sera tour à tour voiturier, sellier et aubergiste[10]. L'enfant, lui, ira à l'école — ce qui est loin d'être le fait de tout le monde, dans cette période de très faible scolarisation —, d'abord à celle du

---

8. Octave CRÉMAZIE, *Œuvres*, t. II (Prose), Montréal, Éditions du Fleuve, 1989, p. 82.

9. François-Xavier GARNEAU, *Voyage en Angleterre et en France dans les années 1831, 1832 et 1833* (1855), édition de Paul WYCZYNSKI, Ottawa, Éditions de l'Université d'Ottawa, 1968, p. 206.

10. La plupart des données biographiques sur Garneau dont nous faisons état ici sont tirées de l'édition du *Voyage...* par Paul Wyczynski.

« bonhomme Parent » puis à celle, beaucoup plus progressiste, ouverte tout récemment par un des grands apôtres de l'éducation au Canada français, Joseph-François Perrault. Mais pas question pour lui d'enseignement secondaire : pour faire son cours classique sans frais, il faudrait s'engager à devenir prêtre, et il s'y refuse. Plus tard, on soulignera plus d'une fois cette carence de formation, en particulier lorsqu'on lui reprochera son libéralisme excessif. Mais l'accès à la culture ne lui est pas interdit pour autant. Son protecteur Joseph-François Perrault le fait entrer au greffe de la paix et de la Cour du Banc du Roi, et deux ans plus tard, en 1825, le voici clerc de notaire chez maître Archibald Campbell, qui n'est pas n'importe qui : notaire, oui, mais aussi directeur de banques et de compagnies, membre de la Société littéraire et historique de Québec, protecteur des beaux-arts. Surtout, maître Campbell possède une riche bibliothèque anglaise et française, qu'il met à la disposition des jeunes gens de son étude. Le fils du voiturier est enfin entré dans le saint des saints, dans le royaume des livres où il passera la plus grande partie de sa vie. Dans ses moments de loisir, à la lumière de la chandelle le plus souvent, il lit, il ne cesse pas de lire. Quels auteurs ? Les classiques avant tout, Shakespeare, Milton côté anglais, Boileau côté français, Tacite en traduction, mais nous manquons de renseignements sur cette question, comme sur la plupart de celles qui touchent la formation intellectuelle de Garneau. Il lira plus tard, on le sait par son œuvre, la plupart des grands historiens de son époque, Michelet, Thierry, Gibbon, Niebuhr.

C'est là, à l'étude de maître Campbell, qu'aura lieu la scène fameuse, rapportée d'abord par l'abbé Casgrain et reprise ensuite par d'autres biographes avec des nuances assez importantes, qui serait à l'origine de la vocation historienne de François-Xavier Garneau. Impossible de la contourner. Elle fait partie du mythe Garneau, un mythe qu'il faut peut-être dépasser mais dont la charge de sens est considérable. Le récit, d'ailleurs, est assez joli.

> *M. Garneau avait tous les jours des discussions avec les jeunes clercs anglais du bureau de M. Campbell; parfois ces discussions devenaient très vives. Ces questions-là avaient le privilège de faire sortir le futur historien de sa taciturnité.*
>
> *Un jour, que les débats avaient été plus violents que d'ordinaire :*
>
> *— Eh bien! s'écria M. Garneau fortement ému, j'écrirai peut-être un jour l'histoire du Canada! mais la véridique, la véritable histoire! Vous y verrez comment nos ancêtres sont tombés! et si une chute pareille n'est pas plus glorieuse que la victoire!... Et puis, ajouta-t-il,* what though the field be lost? all is not lost. *Qu'importe la perte d'un champ de bataille? tout n'est pas perdu!... Celui qui a vaincu par la force, n'a vaincu qu'à moitié son ennemi.*
>
> *De ce moment, il entretint dans son âme cette résolution, et il ne manqua plus de prendre note de tous les renseignements historiques qui venaient à ses oreilles ou qui tombaient sous ses yeux*[11].

On peut avoir des doutes. Ce jeune homme généralement taciturne, timide, tout le contraire d'un monstre d'éloquence, qui tout à coup se met à parler comme un grand livre, citant Byron dans le texte et le traduisant

---

11. L'abbé H.-R. CASGRAIN, *De Gaspé et Garneau*, Montréal, Librairie Beauchemin, 1912, p. 78.

aussitôt (pour le bénéfice du futur lecteur ?)... Mais on a tendance à croire que le fait lui-même, la provocation et la réplique, est authentique. Que François-Xavier Garneau ait été blessé par les allusions désobligeantes de ses compagnons au statut de peuple conquis qui était celui des Canadiens, que cette blessure ait eu à voir avec sa vocation d'historien, il n'y a rien là que de vraisemblable. On trouvera d'ailleurs un écho de cette discussion dans la belle lettre envoyée par Garneau au gouverneur Lord Elgin en 1846, soit un an après la parution du premier volume de l'*Histoire* : « J'ai entrepris ce travail, écrit-il, dans le but de rétablir la vérité, si souvent défigurée, et de repousser les attaques et les insultes dont mes compatriotes ont été et sont encore journellement l'objet de la part d'hommes qui voudraient les opprimer et les exploiter tout à la fois [12]. » Mais attention : si une certaine intention polémique se trouve bien présente dans la genèse de l'*Histoire du Canada*, il ne s'ensuit pas qu'elle en ait orienté la rédaction. Le mot « vérité », dans le texte cité, doit recevoir un sens fort. Garneau ajoutera, dans la même lettre, que la « situation des Canadiens-Français, tant par rapport à leur nombre que par rapport à leurs lois et à leur religion, [lui] imposait l'obligation rigoureuse d'être juste [13] ».

Mais on ne devient pas historien par le simple désir de rendre justice à ses compatriotes. Il y faut beaucoup d'autres choses, une conception générale de l'histoire, des documents, la façon de les traiter, et cetera. Or, après la

---

12. François-Xavier GARNEAU, « Lettre au gouverneur Elgin », dans René DIONNE, « La patrie littéraire », *Anthologie de la littérature québécoise*, sous la direction de Gilles MARCOTTE, Montréal, L'Hexagone, 1994, tome I, p. 408.

13. *Ibidem.*

splendide déclaration d'intention rapportée par l'abbé Casgrain, Garneau ne se fera pas d'abord historien mais poète, le premier poète de quelque importance au Canada français. De 1831 à 1841, il publiera dans les journaux une trentaine de poèmes, dont un connaisseur comme Robert Melançon a pu louer la maîtrise technique ; ses réussites, dit le critique, « ne suffisent certes pas à faire de lui un poète de premier plan, mais elles lui assurent, dans la poésie *française* de son temps, une place de romantique mineur[14] ». L'histoire, cependant, n'est pas absente de ces poèmes. Dans le premier, « Le voltigeur », publié en 1831, un soldat posté en sentinelle, à la bataille de Chateauguay, se demande si son ignorance de l'anglais ne l'empêchera pas de respecter la consigne :

Hélas, dit-il, quelle est donc ma consigne ?
Un mot anglais que je ne comprends pas :
Mon père était du pays de la vigne ;
Mon poste, non, je ne te laisse pas[15].

Cette poésie un peu simplette se donnera progressivement des moyens plus subtils et plus forts, dont témoigne le poème le plus célèbre de Garneau, inspiré par un tableau du peintre Antoine Plamondon, « Le dernier Huron » (1840). Il va sans dire que, derrière ce « dernier Huron », se cache le « dernier Canadien », que dans la disparition de la Huronie Garneau lit la disparition

---

14. Robert MELANÇON, « Le *premier* Huron », *Études françaises*, Montréal, PUM, 30-3, 1995, p. 45.
15. James HUSTON, *Répertoire national* (1848-1850), édition de Robert MELANÇON, Montréal, VLB, 1982, tome 1, p. 185.

possible de sa propre nation ; et, dans la dernière strophe, l'espoir d'une renaissance :

Qui sait, peut-être alors renaîtront sur ces rives
Et les Indiens et leurs forêts ;
En reprenant leur corps, leurs ombres fugitives
Couvriront tous ces guérets ;

Et se levant comme après un long rêve,
Ils reverront partout les mêmes lieux,
Les sapins descendant jusqu'aux flots sur la grève,
En haut les mêmes cieux[16].

Mais après 1841, ce poète qui a remporté des succès plus qu'honorables disparaît complètement. L'historien, l'homme de la prose historienne, est-il déjà au travail ? Oui, sans doute, puisque le premier tome de l'*Histoire du Canada* paraîtra en 1845, et qu'on n'écrit pas de chic des centaines de pages aussi bien organisées. D'ailleurs, Garneau a déjà publié dans les journaux quelques textes d'intérêt historique, notamment, en 1843, une étude sur les voyages de Jacques Cartier qui, reprise en brochure sous le titre *Une page d'histoire du Canada*, deviendra la première œuvre publiée de l'historien.

Entre temps, aussi, il a voyagé.

Dès 1828, alors qu'il était encore clerc de notaire, Garneau s'était fait offrir d'accompagner un ami de maître Campbell aux États-Unis et au Canada anglais. Le second voyage, entrepris trois ans plus tard, est plus étonnant. Devenu notaire et ayant amassé, on le suppose, un petit pécule, François-Xavier Garneau s'embarque seul pour un voyage en Europe. Insistons : il part seul, et c'est

16. *Idem*, tome II, p. 150.

seulement quelques mois après son arrivée à Londres et un premier voyage à Paris que Denis-Benjamin Viger lui offrira un poste de secrétaire, qui lui permettra de prolonger son séjour européen au-delà de la période envisagée d'abord. Sur les raisons qui ont poussé le jeune homme à entreprendre un tel voyage, nous ne savons rien de sûr, et la relation qu'il en fera une vingtaine d'années plus tard restera extrêmement discrète à ce sujet. Veut-il étudier les institutions britanniques, pour comprendre un peu mieux ce qui se passe au Canada? Oui, vraisemblablement; et on le voit aller à quelques reprises entendre les grands orateurs du Parlement de Westminster. Veut-il parfaire sa formation d'historien? Mais le *Voyage en Angleterre et en France dans les années 1831, 1832 et 1833* ne le montre pas faisant des études, compulsant des archives, consultant des autorités. Je l'imagine plutôt en quête des larges horizons intellectuels dont il est privé dans son milieu d'origine, cette «société où l'uniformité et l'égalité, écrit-il, sont à peine troublées, où les traits de la civilisation ne se montrent encore que sous les formes de l'utilité[17]». Ce qui le frappe avant tout, c'est l'ordre de grandeur, et cet intérêt s'exprime assez comiquement dans le soin qu'il met à fournir les dimensions exactes des monuments qu'il visite. Le voici devant Notre-Dame de Paris. Après un préambule digne d'un guide touristique, commence la ronde des chiffres:

> *Notre-Dame a 390 pieds de longueur, 144 de largeur et 102 de hauteur jusqu'à la voûte. Le portail*

---

17. François-Xavier GARNEAU, *Voyage en Angleterre et en France dans les années 1831, 1832 et 1833* (1854-1855), p. 114.

est percé de trois grandes portes ogivales. Les deux tours qui s'élèvent au-dessus du portail ont 204 pieds de hauteur à partir du sol. Au-dessus des portes règne une rangée de vingt-sept niches dans lesquelles il y avait autant de statues des rois de France, depuis Childebert jusqu'à Philippe-Auguste, et qui ont été détruites par la Révolution[18].

Et cela continue: « trente-quatre colonnes », « vingt gros piliers », « cent huit petites colonnes », « cent treize fenêtres », « cinq chapelles »... On peut penser que François-Xavier Garneau, à Paris, s'ébaubit comme n'importe quel badaud de touriste lisant son guide, mais le texte et le contexte disent beaucoup plus: les dimensions physiques, pour lui, sont aussi des dimensions spirituelles. Il sera d'ailleurs fasciné par les grands hommes comme il l'est par les grands édifices, et les monuments qu'on élève aux premiers le touchent particulièrement.

Ce qui me touche toujours en Europe, ce sont les monuments des grands hommes, ces tombeaux élevés par la reconnaissance et l'admiration et qui manquent presque totalement dans les pays nouveaux[19].

Sorti de la grisaille canadienne, de cet immense continent qui n'a pas encore eu le temps de penser son histoire, François-Xavier Garneau fait à Paris et à Londres l'expérience fascinée de la profondeur du temps, de la grandeur accomplie et non seulement promise, attestée par la puissance du verbe. Ses héros, ceux qui lui arra-

---

18. *Idem*, p. 198-199.
19. *Idem*, p. 208.

chent les accents les plus enthousiastes, sont les orateurs et les comédiens, qui donnent à la parole vive tout son éclat, en qui la parole se fait action. Les orateurs, c'est à Londres surtout qu'il les découvre, à la Chambre des Communes ou à la Société littéraire des amis de la Pologne où il prendra lui-même la parole, certain soir. Les comédiens, les comédiennes, il les admire surtout à Paris. « Pendant mon court séjour à Paris, dit le jeune homme sérieux, le fils du voiturier, le clerc de notaire consciencieux, le rat de bibliothèque, je passais ordinairement les soirées au spectacle[20]. » Et voici comment il décrit une des comédiennes les plus célèbres de l'époque, Mlle Mars :

> *L'expression de son jeu était parfaite. Elle ne se débattait pas comme font bien des actrices. Elle était très sobre dans ses mouvements. Mais le moindre geste était si expressif et si à propos qu'on le comprenait aussi facilement que le langage parlé. Et puis quelle expression elle donnait aux passions ! quelle finesse ! quelle colère ! quel amour ! quelle haine ! quelle tendresse ! quelle jalousie ! quel bonheur ! quel emportement ! passaient tour à tour dans l'expression de sa figure et de toute sa personne. C'était bien à bon droit que les journaux de Paris invitaient les comédiens et même les orateurs à aller étudier ce grand modèle des passions parlées et que Napoléon admirait tant*[21].

Il n'est pas interdit sans doute de voir dans cet éloge très lyrique de l'art de Mlle Mars l'expression d'un idéal

20. *Idem*, p. 220.
21. *Idem*, p. 221.

esthétique que Garneau fera sien dans l'*Histoire du Canada* — pour la sobriété, particulièrement.

Il faut rentrer. En 1833, Garneau s'embarque à Liverpool pour Québec, et on lit dans le *Voyage* :

> *L'image du Canada m'apparaissait comme ces mirages trompeurs qui flattent les regards du voyageur au milieu du désert. Je voyais la fortune, l'avenir, le bonheur au-delà des mers, dans cette sauvage contrée où l'espérance avait autrefois conduit mes ancêtres ; vain songe que les événements se sont plus* [sic] *ensuite à démentir en détail*[22].

Mirages trompeurs, vain songe, espérances trompées... Qui parle ici ? Non pas le jeune *retour d'Europe* qui rêve de recommencer, sur le plan intellectuel, l'aventure de ses ancêtres, mais l'homme désillusionné de 45 ans, celui dont le *Journal de Québec* publie en feuilleton le *Voyage* en 1854 et 1855. Il sait, lui, que la fortune n'a pas été le fruit de ses peines, et que l'Acte d'Union a mis ses compatriotes dans une situation éminemment périlleuse[23]. On imagine le jeune homme plus fougueux,

---

22. *Idem*, p. 300.

23. L'Acte d'Union (1841), par la réunion du Haut et du Bas-Canada, a pour but l'assimilation des Canadiens français. Il fait suite au Rapport Durham, où l'on pouvait lire ce qui suit : « On ne peut guère concevoir de nationalité plus dépourvue de tout ce qui peut vivifier et élever un peuple que celle des descendants des Français dans le Bas-Canada, du fait qu'ils ont conservé leur langue et leurs coutumes particulières. C'est un peuple sans histoire et sans littérature. » C'est, soulignons-le, dans l'atmosphère créée par ces événements que François-Xavier Garneau écrit son *Histoire du Canada*.

désireux de se faire une place de premier plan dans la petite société provinciale où il revient.

Il s'agite beaucoup. Durant la douzaine d'années qui séparent son retour au Canada de la publication du premier tome de l'*Histoire du Canada*, il pratique un peu le notariat, devient caissier de banque, se marie, fonde deux journaux, occupe un poste de traducteur à l'Assemblée législative, puis celui de greffier de la ville de Québec. Et il publie dans *Le Canadien*, comme on l'a déjà dit, un assez grand nombre de poèmes. Comment se prépare-t-il à écrire son *Histoire* ? Comment, quand l'écrit-il ? On n'en sait rien. L'immense travail de conception, d'écriture de l'*Histoire du Canada* de Garneau est un des secrets les mieux gardés de notre histoire littéraire. Et pourtant, ses contemporains ne semblent pas avoir été étonnés de voir paraître, dans leur désert intellectuel, un tel monument. C'est qu'ils ont vu en leur historien non pas un travailleur, mais un inspiré, un haut-parleur de la nation ; et un inspiré peut écrire à l'infini, il ne se fatigue jamais. Mais, en 1843, deux ans avant la parution de l'ouvrage, Garneau fait sa première crise d'épilepsie, et il appert qu'une telle maladie se déclenche souvent au terme d'un grand effort de création, lorsqu'on est tout près d'un aboutissement peut-être redouté. C'est aussi, à cette époque, une maladie un peu honteuse, dont souffrira peut-être l'image de l'historien.

En 1845, donc, paraît à l'imprimerie de N. Aubin, rue Couillard, n° 14, le tome premier de l'*Histoire du Canada depuis sa découverte jusqu'à nos jours*, par F.-X. Garneau, un fort volume de 557 pages, qui conduit le lecteur jusqu'au retour au Canada de M. de Frontenac, en 1689. Sur le plan littéraire, les éloges abondent. « Il faut avoir un talent d'écrire supérieur, écrit-on dans *La Minerve*, le 1er septembre 1845, pour pouvoir varier et éviter la monotonie de la narration, dans une histoire où les événements sont presque tous ressemblants. » (Étonnante, soit dit en passant, cette idée que les événements de l'histoire du Canada ne cessent de se répéter...) Dans *Le Canadien*, journal auquel Garneau avait donné la plupart de ses poèmes, l'éloge littéraire se fait cosmique : « Plusieurs des descriptions, dit-on, feraient honneur aux plus célèbres historiens. » (21 novembre 1845) Mais sur les idées très libérales du « Discours préliminaire », sur la façon dont l'auteur traite les rapports de l'Église et de l'État en Nouvelle-France, sur son jugement négatif à propos de l'interdiction faite aux protestants de s'établir dans la colonie, la critique se fera plus dure. On ira jusqu'à parler, dans le même article du *Canadien*, de l'esprit « anti-catholique et anti-canadien » de l'ouvrage. Ces reproches d'ailleurs continueront de s'exprimer, de façon plus ou moins virulente, durant tout le siècle qui suivra la parution du premier tome de l'*Histoire*. On les retrouvera, atténués, dans l'ouvrage qu'un ami de Garneau, Pierre-Joseph-Olivier Chauveau, lui consacrera en 1883[24]. Et ils seront plus d'une fois répercutés dans les textes du *Centenaire de l'*Histoire du Canada *de François-Xavier Garneau*, en 1945[25]. Ce n'est pas sans malaise qu'on célèbre l'œuvre de Garneau. On loue volontiers son ampleur, on lui trouve toutes sortes de vertus patriotiques, on souligne son caractère fondateur, mais les réserves suivent aussitôt : l'*historien national* ne correspond pas tout à fait à

---

24. P.-J.-O. CHAUVEAU, *op. cit.*

25. *Centenaire de l'*Histoire du Canada *de François-Xavier Garneau*, Deuxième semaine d'histoire à l'Université de Montréal, 23-27 avril 1945, Société historique de Montréal, 1945.

l'image rêvée. Il sera remplacé, moins d'un siècle plus tard, par Lionel Groulx, incarnation plus rassurante de l'idéologie clérico-nationale, qui a fini par s'imposer. François-Xavier Garneau sera devenu le grand-père un peu trop léger, voltairien sur les bords, lecteur trop enthousiaste des Michelet, Raynal, Thierry, Gibbon, dont on accepte d'oublier les frasques à la condition qu'il reste bien tranquille dans sa forme statufiée.

Gustave Lanctôt a parlé, pour le premier tome, d'un succès de librairie. Mais Serge Gagnon note qu'on ne sait pas d'où provient ce renseignement, et souligne d'autre part : « La mise en marché du livre de Garneau demeure encore un mystère. L'on n'en connaît pas le tirage, l'on ne sait pas non plus si, en réponse à la critique ou sollicité par ses amis, il a retiré volontairement ou involontairement la première édition du marché canadien. Des amis l'ont-ils au contraire achetée pour la détruire[26] ? » Les choses ne vont pas s'arranger. À propos du deuxième tome, paru l'année suivante, Garneau écrira à son ami O'Callaghan :

> *Aucune critique n'a encore assailli ce puisné* [deuxième tome]*; il est entré dans le monde au milieu d'un profond silence & il est probable qu'il en sortira de même. Plus heureux que son frère aîné il repose en paix dans nos rares bibliothèques, regardant de travers le volume encore tout ébouriffé des cinq ou six critiques où les épithètes de* protestant, *de* philosophe, *d'*impie, *et que sais-je lui ont*

26. Serge GAGNON, *Le Québec et ses historiens de 1840 à 1920*, PUL, 1978, p. 320.

fait une terrible réputation chez les marguillers & les sacristains[27].

Et quant au troisième tome (1849), Garneau écrit encore dans une lettre au même O'Callaghan :

Je dois vous déclarer très franchement que ce vol. a été accueilli très froidement d'un bout du pays à l'autre ; pas un mot de louange ou de critique. Si la voix du peuple est la voix de Dieu, son sort est fixé[28].

Peut-être faut-il faire, dans ces déclarations, la part du pessimisme en quelque sorte inné de Garneau, mais il reste que la parution de son *Histoire* n'a pas été le triomphe immédiat et complet qu'on s'est plu à imaginer. Le retentissement de l'ouvrage, malgré tout, est assez considérable ; assez pour que l'historien reçoive en 1849 une subvention de l'Assemblée législative pour l'aider à continuer ses travaux ; assez pour qu'il consacre le reste de son existence à compléter, à parfaire, à rééditer l'*Histoire du Canada*. Il avait la gloire, mais non la satisfaction de voir son œuvre pleinement reçue. Parlant du *Voyage en Angleterre et en France*, publié en 1855, Pierre-Joseph-Olivier Chauveau écrit :

Une teinte de mélancolie très prononcée se répand sur ce curieux récit. Elle tient non seulement au caractère et aux dispositions naturelles de l'auteur, mais encore à l'état de son esprit au moment où il écrivait. Il se sentait malade, fatigué et peut-être un peu négligé. Il comparait sans jalousie, mais non

---

27. *Idem*, p. 321.
28. *Ibidem.*

pas sans une douleur secrète et inavouée, sa situation avec celle de quelques hommes qui lui étaient inférieurs. Ne voulant pas répudier cette complète indépendance dont il se faisait gloire, il sentait néanmoins qu'elle le conduisait à un isolement auquel l'estime publique, chez nous assez froide dans ses démonstrations à l'égard des vivants, ne formait pas une compensation suffisante[29].

La même année, Maximilien Bibaud lance contre lui un méchant pamphlet, *Le charlatanisme dans l'histoire*[30]. Est-ce à la suite de cette attaque que Garneau fait supprimer l'édition entière du *Voyage* ? Les raisons de cette action étrange ne sont pas connues avec certitude, mais de toute évidence il y a de la tristesse dans l'air. Les dernières années de François-Xavier Garneau sont celles d'un homme qui, malgré la maladie, malgré la modicité de ses ressources, malgré peut-être un malentendu qu'il soupçonne entre son ouvrage et ses lecteurs, ne cesse de travailler. En saurons-nous jamais plus ? L'abondante correspondance que Garneau a entretenue avec des amis canadiens, des correspondants français et américains (dont le grand historien Francis Parkman) demeure en grande partie inédite, et cette absence en dit long sur la négligence dont a été victime le *premier écrivain* du Canada. À cette négligence s'ajoute une autre forme d'abandon : l'*Histoire du Canada* est absente des librairies depuis un demi-siècle.

---

29. P.-J.-O. CHAUVEAU, *op. cit.*, p. ccxxvii.

30. Maximilien BIBAUD, *Le charlatanisme dans l'histoire. Revue critique de l'*Histoire du Canada *de M. Garneau*, Montréal, Sénécal & Daniel, 1855.

* *
*

L'*Histoire du Canada depuis sa découverte jusqu'à nos jours* est un des monuments les plus considérables de l'historiographie québécoise. Les trois premiers tomes, parus respectivement en 1845, 1846 et 1849, conduisent le lecteur jusqu'en 1792, c'est-à-dire après l'introduction, par la Constitution de 1791, du gouvernement représentatif au Canada. En même temps que la réédition de ces trois premiers tomes, un quatrième, en 1852, se rendra jusqu'en 1840 et relatera donc des événements historiques dont Garneau a été le témoin. Une troisième édition sera publiée du vivant de l'auteur, revue et corrigée avec l'aide d'un ecclésiastique (on devine pourquoi), en 1859. Après la mort de Garneau, l'œuvre sera triturée de toutes sortes de façons, ajouts, suppressions, par son fils Alfred le poète (1882), puis par son petit-fils Hector, responsable de l'édition parisienne (1920, 1928) et de la dernière vendue en librairie, celle des Éditions de l'Arbre (1944), en neuf volumes. Deux autres éditions, enfin, paraîtront dans un club du livre (1973 et 1976-1980), de façon quasi confidentielle.

Est-ce à dire que l'œuvre de François-Xavier Garneau soit devenue inactuelle, sans intérêt pour les historiens, les lecteurs d'aujourd'hui ? Elle a échappé jusqu'ici aux entreprises de réédition du patrimoine national qui se sont multipliées depuis le début de la Révolution tranquille : *Relations des Jésuites*, œuvres de Cartier, de Champlain, de tant d'autres, pour le Régime français ; et pour le XIXe siècle, les œuvres d'Étienne Parent, les romans des deux de Gaspé, les textes polémiques de

Buies, les poèmes et les lettres d'Octave Crémazie, et cetera. Tout a été repris, ou presque ; sauf le grand ouvrage, le premier grand ouvrage écrit, imprimé sur notre sol. Pourtant, en 1945, un siècle après la parution du premier tome, un jeune et brillant historien, Guy Frégault, parlait de l'« actualité de Garneau ». « Ils sont rares, écrivait-il, les écrivains canadiens de qui l'on peut dire qu'ils ont encore de l'actualité un siècle après avoir publié leur œuvre. C'est le cas de Garneau, et Garneau, je crois, est seul dans son cas[31]. » Son œuvre, ajoutait-il, était « faite pour durer[32] ». Elle le devait d'abord à la qualité de son écriture : « Un style un peu distingué, une langue élégante et correcte, une phrase claire, solide et dépouillée de fleurs de papier étaient des nouveautés extrêmement remarquables au Canada en 1845[33]. » Frégault parle également de l'« intensité poétique d'un grand nombre de pages[34] ». Et quant à l'historien, il avait, selon son jeune successeur, « une intuition presque infaillible et une telle puissance de déduction qu'elle frôle le génie[35] ». Telles ne sont pas, cependant, pour Guy Frégault, les raisons principales qui font de l'*Histoire du Canada* une œuvre classique, une œuvre toujours vivante cent ans après sa publication. Curieusement, Guy Frégault rejoint ici Casgrain, Chauveau et la plupart des commentateurs traditionnels de l'œuvre de Garneau : « C'est [la] ferveur patriotique, écrit-il, qui communique à cet ouvrage, pourtant vieux de

---

31. Guy FRÉGAULT, « Actualité de Garneau », dans *L'Action universitaire*, mars 1945, p. 8.

32. *Ibidem.*

33. *Idem*, p. 9.

34. *Ibidem.*

35. *Idem*, p. 12.

cent ans, une chaleur, une vie et une valeur qu'il possède encore[36]. »

Cinquante ans après l'article de Guy Frégault, force est de constater que cette « ferveur patriotique » n'a pas épargné à Garneau un enterrement de première classe dans le passé, parmi les gloires du passé. Les historiens actuels du Canada n'en font pas, semble-t-il, grand cas. « Son œuvre, écrit Marcel Trudel, peut, à certains points de vue, nous éclairer sur lui et sur son époque, mais, dans l'ensemble, elle demeure un article précieux du patrimoine national. On la regarde, on l'admire, on la conserve avec soin ; elle n'est plus un outil de travail[37]. » Garneau appartient à l'histoire, et c'est pour comprendre son temps qu'on la relira, et non comme une œuvre vivante qu'il serait possible de rencontrer dans le présent de la lecture. La comparaison s'impose avec le sort fait à l'œuvre de Michelet en France. Celui-ci fut assez longtemps, notamment par son éloge de Jeanne d'Arc et quelques autres textes célèbres, scolairement célèbres, confiné dans son rôle de propagateur de l'idéal national. Mais il a pu, au cours du dernier demi-siècle, retrouver une actualité véritable, même aux yeux des historiens professionnels, grâce à sa vision de l'histoire. Pierre Nora a marqué le caractère ambigu de ce retour à Michelet : « nostalgie de l'histoire écrite, littéraire, poétique », mais aussi possibilité de le revendiquer « comme un précurseur, et même un prophète de l'histoire nouvelle[38] ». En ce qui concerne Garneau, il

36. *Idem*, p. 12.

37. Marcel TRUDEL, « Il y a un siècle et demi... », dans *Études françaises, François-Xavier Garneau et son* Histoire, hiver 1994-1995, p. 113.

38. Pierre NORA, « Le troisième homme ? », dans *L'Arc, Michelet*, Aix-en-Provence, nº 52, 1973, p. 54-55.

est assez évident que sa conception de l'histoire n'inspire plus les historiens d'aujourd'hui, devenus réfractaires au récit, et que d'autre part ils ne trouvent pas non plus chez l'historien national des intuitions, des perspectives méthodologiques dont ils pourraient faire leur profit en les développant, en les affinant. Les littéraires, également, ont quelque difficulté à trouver leur compte dans la lecture de l'*Histoire du Canada* : le texte de Garneau, dans sa sobriété, n'offre pas les mêmes sollicitations à l'analyse que celui d'un Michelet ou d'un Parkman.

Que nous reste-t-il donc ? C'est la question la plus difficile, et qu'il faut poser en toute candeur si l'on ne veut pas rester enfermé dans un simple rituel de célébration. Je ne mésestime pas l'importance d'une sorte de piété, au sens laïque du mot, dans le retour que nous faisons à nos auteurs anciens, et c'est un sentiment que l'on peut facilement éprouver pour Garneau. On lira son *Histoire* pour cette raison-là : parce qu'elle fut la première et qu'elle fut arrachée au silence, ou plus justement à l'informe, au prix d'un travail que l'on ne peut imaginer qu'acharné. Mais j'imagine une autre raison, venue plus directement du texte, de la matière textuelle de l'*Histoire*. L'œuvre de Garneau nous devient lisible dans la mesure même où elle s'est éloignée de nous, où elle nous arrache à nos manières présentes de penser, de sentir, de parler. Elle pratique cette éloquence abstraite qui doit peut-être plus au XVIIIe siècle qu'au XIXe, à Voltaire ou Raynal qu'à Michelet ; elle se plaît, surtout dans les débuts, à évoquer les plus vastes paysages intellectuels de l'histoire, à inscrire le destin des Canadiens français dans l'évolution générale de l'humanité ; enfin, même dans les récits de batailles dont Garneau s'était fait une spécialité, même lorsqu'il raconte les événements les plus pénibles pour son propre groupe ethnique, l'historien ne se départit jamais d'une sobriété, d'une retenue qui sont les traits principaux de son écriture. D'où la puissance d'entraînement de son récit, à laquelle on s'abandonne de plus en plus librement en avançant dans l'*Histoire du Canada*; puissance paradoxale, puisqu'elle repose sur la mesure, la stricte économie du langage. Citons la description — une des plus célébrées par les commentateurs — du massacre de Lachine:

> *L'on était rendu au 24 août, et rien n'annonçait qu'il dût se passer d'événement extraordinaire, quand soudain 1400 Iroquois traversent le lac Saint-Louis dans la nuit, au milieu d'une tempête de pluie et de grêle qui favorise leur dessein, et débarquent en silence sur la partie supérieure de l'île de Montréal. Avant le jour, ils sont déjà placés par pelotons, en sentinelles à toutes les maisons sur un espace que des auteurs portent à sept lieues. Tous les habitants y étaient plongés dans le sommeil, sommeil éternel pour un grand nombre. Les barbares n'attendent plus que le signal qui est enfin donné. Alors s'élève un effroyable cri de mort; les maisons sont défoncées et le massacre commence partout; on égorge hommes, femmes et enfants; et l'on met le feu aux maisons de ceux qui résistent afin de les forcer à sortir, et ils tombent entre les mains des Sauvages qui essuyent sur eux tout ce que la fureur peut inspirer. Ils déchirent le sein des femmes enceintes pour en arracher le fruit qu'elles portent; ils mettent des enfants tout vivants à la broche et forcent leurs mères à les tourner pour les faire rôtir. Ils s'épuisent pendant de longues journées à*

inventer des supplices. Quatre cents personnes de tout âge et de tout sexe périrent ainsi sur la place, ou sur le bûcher dans les cantons où on les emmena. L'île fut inondée de sang, et ravagée jusqu'aux portes de Montréal[39].

L'efficacité de ce récit, l'impression d'horreur qu'il produit chez le lecteur, est liée, on le voit, à la sobriété de ses moyens d'expression, qui confine à la litote. Garneau n'est pas un écrivain qui insiste, qui détaille, qui burine. Son *Histoire du Canada* est une *histoire qui va*, portée par les événements plus que par les idées et les jugements — encore que, de toute évidence, elle ne les écarte pas —, attentive à ce qui se développe, à ce qui surprend. Que ses récits soient parfois inexacts, que son système d'explication soit dépassé, cela se peut, c'est probable, c'est certain, mais le lecteur n'est pas arrêté par ce genre de questions ; il lit l'*Histoire du Canada* comme un Grand Récit, un répertoire d'événements, d'images qui fait sens par lui-même.

Or ce récit, et cela constitue peut-être l'essentiel de son originalité parmi les histoires du Canada qui se sont écrites au cours du siècle suivant, est fondamentalement, purement laïque. En cela, Garneau ne se distingue pas seulement de ses successeurs ; il s'éloigne également d'un de ses grands maîtres français, Michelet, souvent emporté par des vagues de mysticisme. Laïque, Garneau l'est par ses idées, par l'indépendance qu'il revendique à l'égard des *diktats* ecclésiastiques, le peu d'importance qu'il

---

39. François-Xavier GARNEAU, *Histoire du Canada depuis sa découverte jusqu'à nos jours*, Québec, Napoléon Aubin, 1845, p. 531-532.

accorde aux origines religieuses de Ville-Marie et aux travaux des missionnaires, par son rejet de ce qu'il appelle (on appréciera le choix des mots) « la dévotion sublime, mais outrée du 17e siècle[40] ». Son patriotisme aussi bien, qui est évidemment très profond, évite l'excès, la charge, la *dévotion*. François-Xavier Garneau a voulu être l'écrivain de la justice (« La situation des Canadiens-Français, tant par rapport à leur nombre que par rapport à leurs lois et à leur religion, m'imposait l'obligation rigoureuse d'être juste[41] », écrivait-il à Lord Elgin), et justice pour lui c'est justesse, économie, mesure.

Ainsi, à l'aube de la littérature québécoise, Garneau ouvre une voie qui se refermera assez vite derrière lui. Les écrivains, romanciers et poètes qui se réclameront de lui, qui lui emprunteront même des scènes historiques, pratiqueront plus volontiers le pathétique, l'exaltation que la sobriété garnélienne ; de l'histoire du Canada, ils feront une véritable religion. Lire Garneau, aujourd'hui, c'est renouer, par-delà ces pieuses édifications, avec une sobriété, une probité laïques dont notre tradition intellectuelle a trop longtemps été privée.

*

* *

40. *Idem*, p. 116.

41. François-Xavier GARNEAU, « Lettre au gouverneur Elgin », *op. cit.*, p. 408.

Nous aurions pu présenter, au lecteur désireux de prendre contact avec l'œuvre de Garneau, des morceaux choisis, comme l'a fait Gérard Bergeron dans un ouvrage récent[42]. Nous avons plutôt décidé d'en offrir une assez large tranche, suivant en cela le conseil du meilleur critique-lecteur de la littérature canadienne-française, Berthelot Brunet : « Il y a quelques années, écrit-il dans son *Histoire de la littérature canadienne-française* (1946), l'on n'aurait pu goûter Garneau, comme nous le faisons maintenant. Ces tirades, cette éloquence constante, ces appels implicites au lecteur n'agréaient pas à une mode qui se piquait d'insensibilité, d'impassibilité. Il n'en est plus de même, d'autant que nous sommes assez éloignés de l'époque pour y trouver maintenant de la saveur. » Et il ajoutait ceci, qui justifie le parti que nous avons pris : « Il me semble qu'il faut lire Garneau d'un trait, je veux dire ne point trop nous arrêter au détail[43]. »

Mais, première et capitale question : dans quelle édition ? On serait tenté de choisir la troisième, la dernière parue du vivant de Garneau, avant les tripotages, les additions et soustractions dont elle sera victime ultérieurement. Elle est assurément la mieux écrite, la plus élégante, et les fautes de l'écrivain débutant de 1845 y sont corrigées. Mais les corrections n'ont pas porté que sur la langue ; Garneau a aussi épuré son œuvre, l'a amputée de quelques pointes choquantes pour l'appareil clérico-national de

42. Gérard BERGERON, *Lire François-Xavier Garneau (1809-1866), « historien national »*, Québec, Institut québécois de recherche sur la culture, 1994.

43. Berthelot BRUNET, *Histoire de la littérature canadienne-française suivie de portraits d'écrivains*, coll. « Reconnaissances », Montréal, HMH, 1970, p. 31.

l'époque. Ces corrections sont-elles d'ordre mineur, comme l'a prétendu Charles Bolduc après un examen rapide des variantes[44] ? Elles le sont peut-être au point de vue de l'historiographie ; elles ne le sont pas aux yeux de celui qui lit l'*Histoire* comme un texte, un texte de François-Xavier Garneau. Donnons un seul exemple. Dans le « Discours préliminaire », un long passage est supprimé, dès la deuxième édition, dans lequel Garneau fait état des craintes qu'entretiennent plusieurs hommes politiques quant à la survie des Canadiens français après la proclamation de l'Acte d'Union. À ces pessimistes, il répond :

> *Nous avons plus de foi dans la stabilité d'une société civilisée, et nous croyons à l'existence future de ce peuple dont l'on regarde l'anéantissement, dans un avenir plus ou moins éloigné, comme un sort fatal, inévitable. Si je m'abandonnais, comme eux, à ces pensées sinistres, loin de vouloir retracer les événements qui ont signalé sa naissance et ses progrès, et de me complaire dans la relation des faits qui l'honorent, je ne trouverais de voix que pour gémir sur son tombeau. Je me couvrirais la tête pour ne pas voir agoniser ma patrie, expirer ma race. Non, homme d'espérance, l'on n'entendra jamais ma voix prédire le malheur; homme de mon pays, l'on ne me verra jamais, par crainte ou par intérêt, calculer sur sa ruine supposée pour abandonner sa cause*[45].

---

44. Charles BOLDUC, « Métamorphoses de l'*Histoire du Canada* de F.-X. Garneau », dans *François-Xavier Garneau. Aspects littéraires de son œuvre*, sous la direction de Paul WYCZYNSKI, Ottawa, Éditions de l'Université d'Ottawa, 1966.

45. GARNEAU, *Histoire*, 1845, p. 22-23.

On conviendra aisément qu'un tel texte, supprimé dans les éditions subséquentes peut-être parce qu'il constitue une intrusion d'auteur trop manifeste, contraire à l'exigence d'objectivité (largement illusoire) qui s'impose à l'historien, doit être retenu pour une véritable lecture de Garneau. Nous reproduirons donc la première édition, celle de 1845. Il s'agit là d'un pari risqué : cette édition comporte en effet beaucoup de maladresses d'écriture, voire de fautes, qui seront corrigées dans les subséquentes, et qu'une édition critique devrait relever soigneusement. Mais l'édition que nous proposons aujourd'hui n'a pas de telles ambitions, et nos interventions dans le texte seront très rares : en plus d'intégrer les *Errata* de la première édition, elles ne porteront que sur la ponctuation (pour éviter quelques ambiguïtés), les accents, quelques graphies anciennes (les mots se terminant en « an » et en « en » recevront le « t » moderne) et un anglicisme trop fréquent (« St. » au lieu de « Saint »). Pour le reste, nous n'avons pas cru devoir ou pouvoir intervenir — il aurait fallu, à plusieurs reprises, refaire des phrases —, et les lecteurs ne s'étonneront donc pas de rencontrer dans le texte de Garneau un certain nombre de fautes de syntaxe, d'anglicismes, d'archaïsmes — et un usage immodéré, parfois injustifié, de la préposition « dans ». Aux raisons que nous avons données plus haut de préférer aux autres la première édition de l'*Histoire du Canada*, s'ajoute celle-ci, qu'elle a le privilège quasi mythique d'être justement la première, et qu'elle mérite d'être reçue, lue, avec les imperfections qui témoignent de la situation culturelle du Canada français au milieu du XIXe siècle.

Nous laissons à d'autres également, à ceux qui feront sur l'œuvre de Garneau les travaux d'érudition indispensables, le soin de compléter les références, que l'historien s'est peu soucié de rendre précises, complètes, même dans les éditions postérieures. Il va sans dire, enfin, que nous n'avons pas entrepris de corriger les erreurs proprement historiques de l'ouvrage. L'*Histoire* de Garneau, comme toutes celles de son époque, y compris les grandes synthèses d'un Michelet ou d'un Thierry, a nécessairement vieilli, et l'on ne songerait pas à l'utiliser pour enseigner l'histoire du Canada. Répétons-le : c'est un texte que nous proposons à la lecture, celui de François-Xavier Garneau, et il doit être lu comme un récit, non comme un manuel.

Quant à la tranche à découper dans cet immense ouvrage, nous avons choisi le plus simple, le plus évident : les pages du commencement, comprenant l'« Avant-propos », le « Discours préliminaire », l'« Introduction » et les deux premiers livres. Elles permettront, nous semble-t-il, de reconnaître l'essentiel, c'est-à-dire les idées maîtresses et les manières de l'écrivain. Dans l'« Avant-propos », déjà, Garneau adopte, en parlant de son prédécesseur Charlevoix, une position résolument laïque qui ne sera pas du goût de tout le monde : « Écrite principalement du point de vue religieux, écrit-il, elle [l'histoire de Charlevoix] contient de longues et nombreuses digressions sur les travaux des missionnaires répandus au milieu des tribus indiennes, qui sont dénuées d'intérêt pour la généralité des lecteurs. » Mais c'est dans le « Discours préliminaire » surtout qu'il développera ses idées, celles auxquelles il s'accrochera toute sa vie malgré les petits repentirs imposés par l'ordre régnant. Ces idées ne sont pas absolument originales. Ce sont celles de ses lectures, celles de Michelet, de Thierry, de Raynal, pour ne citer que ces trois noms. Quelques mots les résument : raison, progrès, liberté, peuple. Ce credo progressiste a parfois l'air un peu naïf, surtout si on le lit avec les lunettes du XXe siècle finissant, où le progrès semble avoir produit autant de désastres, de tragédies que de bien-être et de liberté. Mais quelle autre voie intellectuelle pouvait s'ouvrir pour le jeune Canadien qui voulait faire arriver son pays sur la scène du monde ? Nous avons vu le jeune homme s'extasier devant les dimensions des édifices londoniens et parisiens. C'est lui encore qui a besoin de grandes idées, et qui ouvre le chapitre de la « Découverte de l'Amérique » en se référant aux historiens antiques : « Les Grecs et les Romains, qui divinisaient tout ce qui porte un caractère de grandeur et de beauté, mettaient les fondateurs de leur patrie au rang des dieux. » Pour célébrer Christophe Colomb, Garneau ouvre les vannes du grand style, en même temps que d'une érudition aussi incertaine que vaste. On le sentira plus à l'aise, au chapitre suivant, avec l'apparition de Jacques Cartier : des actions plus précisément connues se découpent en phrases courtes, bien rythmées, et le paysage canadien fait son apparition. Ce paysage familier, celui surtout qui s'étend du golfe Saint-Laurent jusqu'à Québec, et que le jeune homme avait contemplé à loisir quelques années auparavant en revenant d'Europe, l'auteur l'associe à la tristesse : « Les deux rives du fleuve depuis le golfe, écrit-il, ont un aspect imposant, mais triste. Sa grande largeur à son embouchure, quatre vingt dix milles, les dangers de ses nombreux écueils et ses brouillards, en en faisant un lieu redoutable pour les navigateurs, contribuent encore à augmenter cette tristesse. » Ce n'est pas une série de courses à la gloire que commence à raconter Garneau, mais une épopée pleine de traverses, de difficultés venant des hommes et de la nature, et qui, à l'heure où écrit l'historien, menace de se terminer de façon piteuse ou tragique.

On évite difficilement de penser que le paysage fluvial évoqué à grands traits par Garneau est en correspondance avec les duretés de l'entreprise et son échec possible.

Voici, au chapitre suivant, quelques tentatives avortées d'établissement français, non pas dans les terres découvertes par Cartier mais en Floride, où l'on se heurte aux Espagnols, puis en Acadie, sous M. de la Roche. L'important, sans doute, dans ce chapitre, c'est la prise de position extrêmement énergique de Garneau quant à l'établissement des huguenots en Nouvelle-France:

> *Quelles sources de richesses et de puissance il* [i.e. le projet de laisser les huguenots s'établir en Amérique] *lui eût assurées! et combien il eût fait éviter peut-être de discordes civiles et de désastres! Mais à cette époque de haineuses passions, l'on sacrifiait avec délices les plus chers intérêts du pays aux fureurs du fanatisme et aux appréhensions d'une tyrannie égoïste et soupçonneuse.*

Ce ton passionné, François-Xavier Garneau ne l'emploiera pas pour décrire ses chères batailles, mais uniquement pour dénoncer le «fanatisme», l'absolutisme royal, les empiètements du pouvoir religieux sur le pouvoir civil (lorsque, notamment, il parlera de Mgr de Laval). Et l'étonnant, ce n'est pas qu'il ait atténué ces propos incendiaires dans les éditions subséquentes de son *Histoire du Canada*, mais bien qu'il les ait à peu près maintenus.

Retour au Canada: le chapitre II est presque entièrement consacré aux fondations, explorations, combats et négociations de Champlain. À commencer par la fondation de Québec que l'historien, à son habitude, décrit avec un mélange de solennité et de sobriété, l'image abstraite l'emportant sur le pittoresque: « Ainsi, écrit-il des premiers travaux, le bruit et le mouvement remplacèrent le silence qui avait régné jusque-là sur cette plage déserte et solitaire, et annoncèrent aux Sauvages l'activité européenne, et la naissance d'une ville qui devait devenir l'une des plus fameuses du Nouveau-Monde. » Et de passer, après le récit de la tentative d'assassinat contre Champlain, à des considérations sur l'organisation des pouvoirs exécutif, législatif et judiciaire dans la nouvelle colonie. L'action reprendra ses droits dans la suite du chapitre et dans le suivant, où l'on verra Québec succomber aux assauts des frères Kirke.

Mais ces Indiens, ces « Sauvages » qui commencent à faire l'expérience de « l'activité européenne », que Champlain combat et avec qui il négocie, qui sont-ils ? Garneau leur donnera un livre, le deuxième, ou du moins une partie du livre, puisque la première est occupée par la description physique de la Nouvelle-France. Garneau parle des Indiens en compilateur, citant de nombreuses sources, plutôt qu'en historien de plein droit. Les anthropologues d'aujourd'hui auraient assurément beaucoup de corrections à apporter aux descriptions de Garneau. Celui-ci entretient, à l'égard des Indiens, les préjugés qui lui viennent du rationalisme de son temps. Mais il lui arrive de se laisser séduire, par exemple lorsqu'il évoque le spectacle des funérailles: « Seule, écrit-il, la sombre majesté des forêts est en harmonie avec un spectacle aussi éloquent, et dont la grandeur semble être si au-dessus de nos mœurs artificielles et de convention. » Les Indiens ont également un don d'éloquence qui faisait peut-être envie au timide Garneau: « Ils employaient les métaphores les plus belles ou les plus énergiques. Chaque mot qu'ils disaient allait au but; ils avaient le secret de la véritable éloquence. » Enfin, l'historien les comparera, pour leur rendre hommage, aux barbares qui vainquirent les Romains : « Rien n'autorise donc à croire que les facultés intellectuelles des Indiens fussent inférieures à celles des barbares qui ont renversé l'empire romain. » Nous aurions peut-être dû, à certains moments de notre histoire, nous souvenir de cette vigoureuse affirmation anti-raciste.

Il faut s'arrêter là, avant les grandes guerres franco-anglaises, la Conquête, les débats du Régime anglais. Plusieurs lecteurs, nous l'espérons, continueront, dans une des éditions de l'*Histoire du Canada* qui traînent dans les bibliothèques privées ou publiques, en attendant la grande édition critique qui nous est promise depuis quelques années.

*
* *

Le « premier écrivain », disait Gérard Tougas. Peut-être convient-il d'évoquer deux autres écrivains qui portèrent le nom de Garneau, et qu'une certaine expérience de la tristesse, de la mélancolie, semble rapprocher du premier. Alfred Garneau, d'abord, fils aîné de l'historien, qui prépara la première édition posthume de l'*Histoire du Canada*, et donna en 1860 un recueil de poèmes extrêmement discrets, *Poésies*, où l'on rencontre par exemple cette délicate impression d'une visite au cimetière :

La tristesse des lieux sourit, l'heure est exquise.
Le couchant s'est chargé des dernières couleurs,
Et devant les tombeaux, que l'ombre idéalise,
Un grand souffle mourant soulève encor les fleurs.

La voix Garneau essentielle, si l'on peut s'exprimer ainsi, n'est peut-être pas celle qui affirme, qui combat, mais plutôt celle qui, dans l'abondance du langage historique ou la rareté du langage poétique, se dit en concurrence avec le silence ou la mort. Elle sera plus pure encore chez l'arrière-petit-fils, Hector de Saint-Denys Garneau, le poète de *Regards et jeux dans l'espace*, qui conduira l'aventure du langage jusqu'à ses extrêmes limites. Je n'imagine pas ici quelque forme d'atavisme, et je me donne licence de rêver un peu. Mais j'imagine que l'aïeul aurait pu retrouver quelque chose de lui-même dans les vers (je choisis à peine) de « Maison fermée » :

Je songe à la désolation de l'hiver
Aux longues journées de solitude
Dans la maison morte —
Car la maison meurt où rien n'est ouvert —
Dans la maison close, cernée de forêts

Forêts noires pleines
De vent dur

Dans la maison pressée de froid
Dans la désolation de l'hiver qui dure

L'histoire du Canada n'est pas seulement celle de son établissement difficile, de ses combats contre les ennemis, le conquérant ; c'est aussi — du moment que l'on commence à parler, à écrire — cette lutte incessante contre l'« hiver qui dure ».

*
* *

Quelques remerciements s'imposent. À Suzanne Martin et Christine Tellier, qui ont effectué les recherches indispensables. Au Conseil de recherches en sciences humaines, dont l'aide a permis que ces recherches soient faites.

Gilles Marcotte

HISTOIRE DU CANADA
DEPUIS SA DÉCOUVERTE
JUSQU'À NOS JOURS

Discours préliminaire

Livres I et II

TOME PREMIER

Il y a peu de pays en Amérique sur les commencements desquels l'on ait tant écrit que sur ceux du Canada, et encore moins qui soient, après tout, si pauvres en histoires ; car on ne doit pas prendre pour telles, plusieurs ouvrages qui en portent le nom, et qui ne sont autre chose que des mémoires ou des narrations de voyageurs, comme, par exemple, l'*Histoire de l'Amérique septentrionale* par la Potherie.

Pendant longtemps, l'on vit paraître en France une foule de livres dans lesquels était soigneusement recueilli tout ce qui se passait dans cette nouvelle contrée, où une lutte sanglante s'était engagée entre la civilisation et la barbarie. Mais ces œuvres avaient pour la plupart peu de mérite littéraire, quoiqu'elles continssent, en revanche, une multitude de choses singulières et intéressantes qui les faisaient rechercher en Europe avec avidité. Peu à peu, cependant, cette ardeur s'affaiblit avec la nouveauté des scènes qu'elles retraçaient, et le Canada occupait à peine l'attention de la France, lorsque le sort des armes le fit passer en d'autres mains. Après cet événement, les écrivains, qui laissent des matériaux pour l'histoire canadienne de leur temps, deviennent encore plus rares.

Parmi les auteurs dont nous venons de parler, et qui sont antérieurs à la conquête, il ne faut pas confondre, cependant, le célèbre Jésuite Charlevoix. Le plan étendu de son *Histoire de la Nouvelle-France*, l'exactitude générale des faits qu'il développe, son style simple et naturel, lui ont assuré depuis longtemps un rang distingué en Amérique ; et le Canada le réclame encore aujourd'hui comme le premier de ses historiens.

Il faut reconnaître néanmoins qu'il s'abandonne quelquefois à une pieuse crédulité, et que ses affections exercent sur lui une influence à laquelle il ne peut pas toujours se soustraire. Mais cela est bien pardonnable dans celui dont l'état imposait des obligations que le caractère d'historien ne pouvait même faire rompre.

Du reste, il parle des hommes et des choses avec autant de modération qu'il sait, en général, juger avec sagesse et impartialité. Ses rapports intimes avec la cour de France lui ont procuré l'avantage de puiser à des sources précieuses ; et notre histoire, qui n'était jusqu'à lui qu'un squelette informe, a pris, sous sa plume, le développement et les proportions d'un ouvrage complet, le meilleur qui eût été écrit jusque-là sur l'Amérique septentrionale. C'est à ce titre, que cet auteur doit d'être appelé le créateur de l'histoire du Canada. S'il est tombé dans quelques erreurs sur les voyages de Jacques Cartier, et sur les premiers temps de la colonie, en pouvait-il être autrement à une époque où les matériaux dont il avait besoin étaient épars ou inconnus pour la plupart, et qu'il n'a dû rassembler qu'à grands frais et après des recherches immenses ?

Cependant le but et le caractère de l'*Histoire de la Nouvelle-France* ne conviennent plus à nos circonstances et à notre état politique. Écrite principalement au point de vue religieux, elle contient de longues et nombreuses digressions sur les travaux des missionnaires répandus au milieu des tribus indiennes, qui sont dénuées d'intérêt pour la généralité des lecteurs. En outre, l'auteur, s'adressant à la France, a dû entrer dans une foule de détails nécessaires en Europe, mais inutiles en Canada ; d'autres aussi ont perdu leur intérêt par l'éloignement des temps.

Les documents historiques découverts depuis, et la centralisation des ouvrages relatifs au Nouveau-Monde, dans les bibliothèques publiques et des sociétés savantes, permettent de combler quelques lacunes, que l'absence d'informations certaines avait forcé de laisser, et de rectifier des faits qui étaient restés enveloppés dans l'obscurité. Dans ces bibliothèques figurent toujours au premier rang les écrits dont nous avons parlé en commençant, et surtout les précieuses relations des Jésuites, auxquelles les meilleurs historiens américains se plaisent à payer un juste tribut d'éloges. Québec possède deux collections d'ouvrages sur l'Amérique, qui s'accroissent tous les jours ; l'une a été formée sous les auspices de la Société littéraire et historique, et l'autre, sous ceux de la Chambre d'assemblée à laquelle elle appartient[1]. La science ne peut avoir trop d'obligation aux auteurs de ces louables entreprises, et l'on doit espérer que la législature continuera d'affecter des fonds, pour enrichir ces collections et faire imprimer des manuscrits, ou de nouvelles éditions d'anciens ouvrages, qui deviennent de plus en plus rares, relatifs au pays.

Le plan de cet ouvrage a dû occuper notre attention très sérieusement, vu surtout la différence des théâtres sur lesquels se passe l'action multiple de la colonisation de la

---

1. Depuis que ceci a été écrit, cette dernière collection a suivi la Chambre d'assemblée à Montréal, nouvellement érigé en ville capitale.

Nouvelle-France, dont Québec était le grand centre. Quoique par son titre cette histoire ne paraisse embrasser que le Canada proprement dit, elle contiendra en réalité celle de toutes les colonies françaises de cette partie de l'Amérique jusqu'à la paix de 1763. L'unité de gouvernement et les rapports intimes qui existaient entre ces diverses provinces, ne permettent point d'en séparer l'histoire sans diminuer essentiellement l'intérêt de l'ensemble, et s'exposer à mal représenter l'esprit du système qui les régissait. Néanmoins, nous ne mènerons pas toujours de front les événements de ces différents lieux, parce que cela nous paraît sujet à plusieurs inconvénients, dont le moindre est de causer des interruptions fréquentes qui deviennent à la longue fatigantes pour le lecteur. Nous rapporterons ceux qui se passaient dans chaque colonie, séparément et à part, autant que cela pourra se faire sans nuire à l'enchaînement et à la clarté. Ainsi l'histoire de l'Acadie formera généralement des chapitres qui, selon le besoin, s'arrêteront en deçà, ou descendront au delà, des époques correspondantes de celle du Canada proprement dit.

Dans le même système de présenter les faits comme par tableaux où l'on puisse voir leur ensemble d'un coup d'œil, l'aperçu des mœurs des Indiens, et celui du régiment civil et ecclésiastique du Canada, la relation des découvertes dans l'intérieur du continent, etc., formeront autant de chapitres ou groupes ; ce qui ajoutera à l'intérêt et permettra en même temps d'abréger, lorsqu'il s'agira des provinces qui dépendaient autrefois du gouvernement canadien, et qui s'en sont ensuite séparées, par exemple la Louisiane, dont l'histoire ne nous intéresse guère plus que d'une manière générale.

Lorsque nous arriverons à l'époque mémorable de l'établissement du gouvernement constitutionnel en ce pays, nous recueillerons avec soin et impartialité les actes des corps législatifs, qui doivent prendre place dans l'histoire. Cet événement est aussi pour nous un sujet de réminiscence; il nous rappelle un de ces actes glorieux dont toute une race, jusque dans ses plus lointaines ramifications, aime à s'honorer; et nous devons l'avouer, nous portons nos regards sur ceux qui ont conquis autrefois la charte des libertés anglaises, et dont la victoire devait ainsi nous profiter, avec d'autant plus de vénération que la race normande, d'où sortent la plupart des Canadiens, est celle qui a doté l'Angleterre de ce bienfait, principale cause de sa gloire et de sa puissance[1]. L'histoire de cette colonie redouble d'intérêt à partir de ce moment. L'on voit en effet les sentiments, les tendances, et le génie du peuple, longtemps comprimés, se manifester soudainement et au grand jour; de grandes luttes politiques et de races agiter la société, le gouvernement et les représentants populaires combattre, sur les limites extrêmes de leurs pouvoirs respectifs, pour des droits et des privilèges toujours contestés; enfin tout attache dans le spectacle animé de ces joutes paisibles de l'intelligence et de la raison, dont l'amélioration du pays et le bien-être de ses habitants constituent l'objet. Cette partie de notre tâche ne sera ni la moins difficile ni la moins importante.

1. Tous les barons qui ont forcé le roi Jean-sans-terre à signer la Grande-Charte, écrite en français et en latin, portent en apparence des noms français. Thierry: *Histoire de la conquête de l'Angleterre.*

Discours préliminaire

L'histoire est devenue, depuis un demi siècle, une science analytique rigoureuse ; non seulement les faits, mais leurs causes, veulent être indiqués avec discernement et précision, afin qu'on puisse juger des uns par les autres. La critique sévère rejette tout ce qui ne porte pas en soi le cachet de la vérité. Ce qui se présente sans avoir été accepté par elle, discuté et approuvé au tribunal de la saine raison, est traité de fable et relégué dans le monde des créations imaginaires. À ce double flambeau s'évanouissent le merveilleux, les prodiges, et toute cette fantasmagorie devant laquelle les nations à leur enfance demeurent frappées d'une secrète crainte, ou saisies d'une puérile admiration ; fantasmagorie qui animait jadis les sombres forêts du Canada dans l'imagination vive de ses premiers habitants, ces indigènes belliqueux et sauvages dont il reste à peine aujourd'hui quelques traces.

Cette révolution, car c'en est une, dans la manière d'apprécier les événements, est le fruit incontestable des progrès de l'esprit humain et de la liberté politique. C'est la plus grande preuve que l'on puisse fournir du perfectionnement graduel des institutions sociales. Les nuages mystérieux qui enveloppent le berceau de la Grèce et de

Rome[1], perdent de leur terreur; l'œil peut oser maintenant en scruter les terribles secrets; et s'il pénètre jusqu'à l'origine du peuple lui-même, il voit le merveilleux disparaître comme ces légers brouillards du matin aux rayons du soleil. Car bien qu'on ait donné aux premiers rois une nature céleste, que l'adulation des zélateurs de la monarchie les ait enveloppés de prodiges, pour le peuple, aucun acte surnaturel ne marque son existence; sa vie prosaïque ne change même pas dans les temps fabuleux.

À venir jusqu'à il y a à peu près trois siècles, une ignorance superstitieuse obscurcissait et paralysait l'intelligence des peuples. Les trois quarts du globe qu'ils habitent étaient inconnus; ils ignoraient également la cause de la plupart des phénomènes naturels qui les ravissaient d'admiration ou les remplissaient de crainte; les sciences les plus positives étaient enveloppées de pratiques mystérieuses; le chimiste passait pour un devin ou sorcier, et souvent il finissait par se croire lui-même inspiré par les esprits.

---

1. Les historiens de ce continent sont affranchis des difficultés qui ont embarrassé pendant longtemps ceux de l'Europe par rapport à la question de l'origine des races dont descendent les différents peuples coloniaux américains. Ils peuvent en effet indiquer sans peine le point de départ des flots d'émigrants dans les diverses contrées de l'Ancien Monde, et suivre leur route jusque dans la plus obscure vallée où un pionnier avait élevé sa hutte dans le nouveau. S'ils veulent remonter au-delà, ils trouveront tout fait par l'ardeur avec laquelle les Européens ont travaillé à régler définitivement la question de leur origine. Mais si cette grande tâche est accomplie pour eux, il en reste une autre semblable à finir pour les Indigènes de l'Amérique, qui offre peut-être encore plus de difficultés, et qui a déjà exercé l'ingénuité de beaucoup de savants.

L'invention de l'imprimerie et la découverte du Nouveau-Monde ébranlèrent, sur sa base vermoulue, cette divinité qui avait couvert le moyen âge de si épaisses ténèbres. Mais Colomb livrant l'Amérique à l'Europe étonnée, et dévoilant tout à coup une si grande portion du domaine de l'inconnu, lui porta peut-être le coup le plus funeste.

La liberté aussi, quoique perdue dans la barbarie universelle, ne s'était pas tout à fait éteinte dans quelques montagnes isolées; elle contribua puissamment au mouvement des esprits. En effet, l'on peut dire que c'est elle qui l'inspira d'abord, et qui le soutint ensuite avec une force toujours croissante.

Depuis ce moment, la grande figure du peuple apparaît dans l'histoire moderne. Jusque-là, il semble un fond noir sur lequel se dessinent les ombres gigantesques et barbares de ses maîtres, qui le couvrent presque en entier. On ne voit agir que ces chefs absolus qui viennent à nous armés d'un diplôme divin; le reste des hommes, plèbe passive, masse inerte et souffrante, semble n'exister que pour obéir. Aussi les historiens courtisans s'occupent-ils fort peu d'eux pendant une longue suite de siècles. Mais à mesure qu'ils rentrent dans leurs droits, l'histoire change quoique lentement; elle se modifie quoique l'influence des préjugés conserve encore les allures du passé à son burin. Ce n'est que de nos jours que les annales des nations ont réfléchi tous leurs traits avec fidélité; et que chaque partie du vaste tableau a repris les proportions qui lui appartiennent. A-t-il perdu de son intérêt, de sa beauté? Non. Nous voyons maintenant penser et agir les peuples; nous voyons leurs besoins et leurs souffrances; leurs désirs et leurs joies; ces masses, mers immenses, lorsqu'elles réunissent leurs millions de voix, agitent leurs millions de pensées, marquent leur amour ou leur haine, produisent un effet autrement durable et puissant que la tyrannie même si grandiose et si magnifique de l'Asie. Mais il fallait la révolution batave, la révolution de l'Angleterre, des États-Unis d'Amérique et surtout celle de la France, pour rétablir solidement le lion populaire sur son piédestal.

Cette époque célèbre dans la science de l'histoire en Europe, est celle où paraissent les premiers essais des historiens américains de quelque réputation. On ne doit donc pas s'étonner si l'Amérique, habitée par une seule classe d'hommes, le peuple, dans le sens que l'entendent les vieilles races privilégiées de l'ancien monde ; la *canaille* comme disait Napoléon, adopte dans leur entier les principes de l'école historique moderne qui prend la nation pour source et pour but de tout pouvoir.

Les deux premiers hommes qui ont commencé à miner le piédestal des idoles mythiques de ces fantômes qui défendaient le sanctuaire inaccessible de l'inviolabilité et de l'autorité absolue contre les attaques sacrilèges du grand nombre, sont un Italien et un Suisse, nés par conséquent dans les deux pays alors les plus libres de l'Europe. Laurent Valla donna le signal au 15e siècle. Glareanus, natif de Glaris, marcha sur ses traces. « La Suisse est un pays de raisonneurs. Malgré cette gigantesque poésie des Alpes, le vent des glaciers est prosaïque ; il souffle le doute[1]. »

L'histoire des origines de Rome exerça leur esprit de critique. Érasme, Scaliger et d'autres savants hollandais vinrent après eux. Le Français, Louis de Beaufort,

---

1. MICHELET : *Histoire romaine*. Nous suivons ici les données de ce savant et ingénieux historien, et Niebuhr.

acheva l'œuvre de destruction ; il fut le véritable réformateur ; mais s'il démolit, il n'édifia point. Le terrain étant déblayé, le célèbre Napolitain, Vico, parut et donna (1725) son vaste système de la métaphysique de l'histoire [1] dans lequel, dit Michelet, existent déjà en germe du moins, tous les travaux de la science moderne. Les Allemands saisirent sa pensée et l'adoptèrent ; Niebuhr est le plus illustrc de ses disciples.

Cependant la voix de tous ces profonds penseurs fut peu à peu entendue des peuples, qui proclamèrent, comme nous venons de le dire, l'un après l'autre, le dogme de la liberté. De cette école de doute, de raisonnement et de progrès intellectuels, sortirent Bacon, la découverte du Nouveau-Monde, la métaphysique de Descartes, l'immortel ouvrage de l'esprit des lois, Guizot, et enfin Sismondi, dont chaque ligne est un plaidoyer éloquent en faveur du pauvre peuple tant foulé par cette féodalité d'acier jadis si puissante, mais dont il ne reste plus que quelques troncs décrépits et chancelants, comme ces arbres frappés de mort par le fer et par le feu qu'on rencontre quelquefois dans un champ nouvellement défriché.

Il est une remarque à faire ici, qui semble toujours nouvelle tant elle est vraie. Il est consolant pour le christianisme, malgré les énormes abus qu'on en a faits, de pouvoir dire que les progrès de la civilisation, depuis trois ou quatre siècles, sont dus en partie à l'esprit de ce livre fameux et sublime, la Bible, objet continuel des médita-

---

1. Son livre dédié au pape Clément XII porte le titre de la Nouvelle Science (*Scienza nuova*). La *Biographie universelle* contient un article très détaillé sur cet auteur et ses ouvrages.

tions des scolastiques et des savants qui nous apparaissent au début de cette époque mémorable à travers les dernières ombres du moyen âge. La direction qu'ils ont donnée à l'esprit humain n'a pas cessé depuis de se faire sentir; ils ont continué l'œuvre de la généralisation du Christ, et leurs paroles, qui s'adressaient toujours à la multitude, ne faisaient que se conformer au système du maître. Le Régénérateur-Dieu est né au sein du peuple, et a choisi, par une préférence trop marquée pour ne pas être significative, les disciples de ses doctrines dans les derniers rangs de ces Hébreux infortunés, gémissant dans l'esclavage des Romains, qui devaient renverser aussi bientôt après leur antique Jérusalem. Ce fait plus que tout autre explique les tendances humanitaires du christianisme, et l'empreinte indélébile qu'il a laissée sur la civilisation moderne [1].

C'est sous l'influence de cette civilisation et de ces doctrines que l'Amérique septentrionale s'est peuplée d'Européens.

Une nouvelle phase se passa alors dans l'histoire du monde. C'était le deuxième débordement de population depuis le commencement de l'ère chrétienne. Le premier fut, on le sait, l'irruption des barbares qui précipita la chute de l'empire romain; le second fut l'émigration

---

1. L'ordre de saint Benoît donna au monde ancien usé par l'esclavage le premier exemple du travail accompli par des mains libres. Cette grande innovation sera une des bases de l'existence moderne (Michelet). Cet ordre célèbre fondé en Italie à la fin du 5e siècle servait d'asile à ceux qui fuyaient la tyrannie du gouvernement Goth et Vandale. Ce sont les bénédictins qui ont perpétué dans leurs cloîtres le peu de connaissances qui restaient chez les barbares.

européenne en Amérique, qui précipita à son tour la ruine de la barbarie.

S'il est vrai que le spectacle tant varié de l'histoire excite constamment notre intérêt, soit qu'on assiste aux époques où les nations sont à leur plus haut degré de grandeur, ou penchent vers leur déclin, soit que, se plaçant à leur naissance, l'on jette de ce point ses regards sur la longue chaîne d'événements heureux et malheureux qui signalent leur passage sur la scène du monde; combien cet intérêt ne dut-il pas redoubler lorsqu'il y a trois siècles, on vit sortir de différents points de l'Europe, pour se diriger au-delà des mers de l'occident, ces longues processions d'humbles mais industrieux colons, dont l'avenir, enseveli dans le mystère, donnait à la fois tant d'inquiétude et tant d'espérance. L'épée avait jusque-là frayé le chemin de toutes les émigrations. «La guerre seule a découvert le monde dans l'antiquité.» L'intelligence et l'esprit de travail sont les seules armes des hardis pionniers qui vont prendre aujourd'hui possession de l'Amérique. Leurs succès rapides prouvèrent l'avantage de la paix et d'un travail libre sur la violence et le tumulte des armes pour fonder des empires riches et puissants.

L'établissement du Canada date des commencements de ce grand mouvement de population vers l'ouest, mouvement dont on a cherché à apprécier les causes générales dans les observations qui précèdent, et dont la connaissance intéresse le Canada comme le reste de l'Amérique. Nous ne devons pas en effet méconnaître le point de départ et la direction du courant sous-marin qui entraîne la civilisation américaine. Cette étude est nécessaire à tous les peuples de ce continent qui s'occupent de leur avenir.

Tel est donc, nous le répétons, le caractère de cette

civilisation, et de la colonisation commencée et activée sous son influence toute-puissante. Entre les établissements américains, ceux-là ont fait le plus de progrès qui ont été le plus à même d'en utiliser les avantages. Le Canada, quoique fondé, pour ainsi dire, sous les auspices de la religion, est une des colonies qui ont ressenti le plus faiblement cette influence pour des raisons qu'on aura lieu d'apprécier plus d'une fois dans la suite. C'est pourquoi aussi y a-t-il peu de pays qui, avec une population aussi faible, aient déjà passé par tant de guerres, d'orages et de révolutions.

Au surplus, dans une jeune colonie chaque fait est gros de conséquences pour l'avenir. L'on se tromperait fort gravement si l'on ne voyait dans le planteur qui abattit les forêts qui couvraient autrefois les rives du Saint-Laurent, qu'un simple bûcheron travaillant pour satisfaire un besoin momentané. Son œuvre, si humble en apparence, devait avoir des résultats beaucoup plus vastes et beaucoup plus durables que les victoires les plus brillantes qui portaient alors si haut la renommée de Louis XIV. L'histoire de la découverte et de l'établissement du Canada ne le cède en intérêt à celle d'aucune autre partie du continent. La hardiesse de Cartier qui vient planter sa tente au pied de la montagne d'Hochelaga, au milieu de tribus inconnues, à près de trois cents lieues de l'océan ; la persévérance de Champlain qui lutte avec une rare énergie, malgré la faiblesse de ses moyens, contre l'apathie de la France et la rigueur du climat, et qui, triomphant enfin de tous les obstacles, jette les fondements d'un empire dont les destinées sont inconnues ; les souffrances des premiers colons et leurs sanglantes guerres avec la fameuse confédération iroquoise ; la découverte de presque tout l'intérieur de l'Amérique septentrionale, depuis la baie d'Hudson jusqu'au golfe du Mexique, depuis la Nouvelle-Écosse jusqu'aux nations qui habitaient les rives occidentales du Mississipi ; les expéditions guerrières des Canadiens dans le Nord, dans l'île de Terreneuve, et jusque dans la Virginie et la Louisiane ; la fondation, par eux ou leurs missionnaires, des premiers établissements européens dans les États du Michigan, de l'Ouisconsin, de la Louisiane et dans la partie orientale du Texas, voilà, certes, des entreprises et des faits bien dignes de notre intérêt et de celui de la postérité, et qui donnent aux premiers temps de notre histoire, un mouvement, une variété, une richesse de couleurs, qui ne sont pas, ce nous semble, sans attraits.

Si l'on envisage l'histoire du Canada dans son ensemble, depuis Champlain jusqu'à nos jours, on voit qu'elle se partage en deux grandes phases que divise le passage de cette colonie de la domination française à la domination anglaise, et que caractérisent, la première, les guerres des Canadiens avec les Sauvages et les provinces qui forment aujourd'hui les États-Unis ; la seconde, la lutte politique et parlementaire qu'ils soutiennent encore pour leur conservation nationale. La différence des armes, entre ces deux époques militantes, nous les montre sous deux points de vue bien distincts ; mais c'est sous le dernier qu'ils m'intéressent davantage. Il y a quelque chose de touchant et de noble à la fois à défendre la nationalité de ses pères, cet héritage sacré qu'aucun peuple, quelque dégradé qu'il fût, n'a jamais osé répudier publiquement. Jamais cause, non plus, et plus grande et plus sainte n'a inspiré un cœur haut placé, et mérité la sympathie des hommes généreux.

Si la guerre a fait briller autrefois la bravoure des Canadiens avec éclat, à leur tour, les débats politiques ont fait surgir, au milieu d'eux, des noms que respectera la postérité ; des hommes dont les talents, le patriotisme ou l'éloquence, sont pour nous à la fois un juste sujet d'orgueil, et une cause de digne et généreuse émulation. Les Papineau (père), les Bédard, les Stuart, descendus dans la tombe entourés de la vénération publique, ont à ce titre pris la place distinguée que leurs compatriotes leur avaient assignée depuis longtemps dans notre histoire comme dans leur souvenir.

Par cela même que le Canada a été soumis à de grandes vicissitudes, qui ne sont pas de son fait, mais qui tiennent à la nature de sa dépendance coloniale, les progrès n'y marchent qu'à travers les obstacles, les secousses sociales, et une complication qu'augmentent, de nos jours, la différence des races mises en regard par la métropole, les haines, les préjugés, l'ignorance et les écarts des gouvernants et quelquefois des gouvernés. L'union des Canadas, surtout, projetée en 1822, et exécutée en 1839, n'a été qu'un moyen adopté pour couvrir d'un voile légal une grande injustice. L'Angleterre, qui ne voit, dans les Canadiens français, que des colons turbulents, entachés de désaffection et de républicanisme, oublie que leur inquiétude ne provient que de l'attachement qu'ils ont pour leurs institutions et leurs usages menacés, tantôt ouvertement, tantôt secrètement par l'autorité proconsulaire. L'abolition de leur langue, et la restriction de leur franchise électorale pour les tenir, malgré leur nombre, dans la minorité et la sujétion, ne prouvent-ils pas que trop, du reste, que ni les traités ni les actes publics les plus solennels, n'ont pu les protéger contre les attentats commis au préjudice de leurs droits.

Mais quoiqu'on fasse, la destruction d'un peuple n'est pas chose aussi facile qu'on pourrait se l'imaginer ;

et la perspective qui se présente aux Canadiens est, peut-être, plus menaçante que réellement dangereuse. Néanmoins, il est des hommes que l'avenir inquiète, et qui ont besoin d'être rassurés; c'est pour eux que nous allons entrer dans les détails qui vont suivre. L'importance de la cause que nous défendons nous servira d'excuse auprès du lecteur. Heureux l'historien qui n'a pas la même tâche à remplir pour sa patrie!

L'émigration des îles britanniques, et l'acte d'union des Canadas dont on vient de parler, passé en violation des statuts impériaux de 1774 et 1791, sont, sans doute, des événements qui méritent notre plus sérieuse attention. Mais a-t-on vraiment raison d'en appréhender les résolutions si redoutées par quelques-uns de nous, tant désirées par les ennemis de la nation franco-canadienne? Nous avons plus de foi dans la stabilité d'une société civilisée, et nous croyons à l'existence future de ce peuple dont l'on regarde l'anéantissement, dans un avenir plus ou moins éloigné, comme un sort fatal, inévitable. Si je m'abandonnais, comme eux, à ces pensées sinistres, loin de vouloir retracer les événements qui ont signalé sa naissance et ses progrès, et de me complaire dans la relation des faits qui l'honorent, je ne trouverais de voix que pour gémir sur son tombeau. Je me couvrirais la tête pour ne pas voir agoniser ma patrie, expirer ma race. Non, homme d'espérance, l'on n'entendra jamais ma voix prédire le malheur; homme de mon pays, l'on ne me verra jamais, par crainte ou par intérêt, calculer sur sa ruine supposée pour abandonner sa cause.

Mais, dans le vrai, cette existence du peuple canadien n'est pas plus douteuse aujourd'hui, qu'elle ne l'a été à aucune époque de son histoire. Sa destinée est de lutter sans cesse, tantôt contre les barbares qui couvrent l'Amérique, tantôt contre une autre race qui, jetée en plus grand nombre que lui dans ce continent, y a acquis depuis longtemps une prépondérance, qui n'a plus rien à craindre. Mais qui peut dire que ces luttes aient retardé essentiellement sa marche ? C'est pendant celle dont on craint les plus funestes résultats, que son extension a pris les plus grands développements. Dans les 152 ans de la domination française, la population du Canada n'a atteint que le chiffre de 80 000 âmes, tandis que dans les 83 ans de la domination anglaise, ce chiffre s'est élevé à plus de 500 000, et le pays s'est établi dans sa plus grande étendue. On voit donc que les frayeurs dont on vient de parler, sont plus chimériques que réelles.

En effet, ce qui caractérise la race française par-dessus toutes les autres, c'est « cette force secrète de cohésion et de résistance, qui maintient l'unité nationale à travers les plus cruelles vicissitudes et la relève triomphante de tous les obstacles ». La vieille étourderie gauloise, dit un auteur[1], a survécu aux immuables théocraties de l'Égypte et de l'Asie, aux savantes combinaisons politiques des Hellènes, à la sagesse et à la discipline conquérante des Romains. Doué d'un génie moins flexible, moins confiant et plus calculateur, ce peuple antique et toujours jeune quand retentit l'appel d'une noble pensée ou d'un grand homme, ce peuple eût disparu comme tant d'autres plus sages en apparence, et qui ont cessé d'être parce qu'ils ne comprenaient qu'un rôle, qu'un intérêt ou qu'une idée.

Rien ne prouve que les Français établis en Amérique aient perdu, au contraire tout démontre qu'ils ont

---

1. M. MAILLEFER : *De la puissance et des institutions de l'Union Américaine*.

conservé ce trait caractéristique de leurs pères, cette puissance énergique et insaisissable qui réside en eux-mêmes, et qui, comme le génie, échappe à l'astuce de la politique comme au tranchant de l'épée. Il se conserve, comme type, même lorsque tout semble annoncer sa destruction. Un noyau s'en forme-t-il au milieu des races étrangères, il se propage, en restant comme isolé, au sein de ces populations avec lesquelles il peut vivre, mais avec lesquelles il ne peut guère s'amalgamer. Des Allemands, des Hollandais, des Suédois se sont établis par groupes dans les États-Unis, et se sont insensiblement fondus dans la masse sans résistance, sans qu'une parole même révélât leur existence au monde. Au contraire, aux deux bouts de cette moitié du continent, deux groupes français ont pareillement pris place, et non seulement ils s'y maintiennent comme race, mais on dirait qu'une énergie qui est comme indépendante d'eux, repousse les attaques dirigées contre leur nationalité. Leurs rangs se resserrent, la fierté du grand peuple dont ils descendent et qui les anime alors qu'on les menace, leur fait rejeter toutes les capitulations qu'on leur offre ; leur esprit de sociabilité, en les éloignant des races flegmatiques, les soutient aussi dans les situations où d'autres perdraient toute espérance. Enfin cette force de cohésion, dont nous venons de parler, se développe d'autant plus que l'on veut la détruire.

« La nationalité d'ailleurs n'est pas un fruit artificiel ; c'est le don de Dieu ; personne ne peut l'acquérir et il est impossible de le perdre[1]. » Les six siècles de persécution, d'esclavage et de sang de l'Irlande sont une

---

1. *De la philosophie catholique en Italie* (M. FERRARI). — Revue des Deux Mondes.

preuve mémorable des dangers de la *dénationalisation*, qu'on me passe ce terme, forcée et violente d'un peuple civilisé par un autre peuple civilisé.

Les hommes d'État éminents qui ont tenu le timon des affaires de la Grande-Bretagne après la cession du Canada en 1763, comprirent que la situation particulière des Canadiens, dans l'Amérique septentrionale, était un gage de leur fidélité ; et cette prévision n'a été qu'une des preuves de la sagacité que le cabinet de cette puissance a données en tant d'occasions.

Livrés aux réflexions pénibles que leur situation dut leur inspirer après la lutte sanglante et prolongée dans laquelle ils avaient montré tant de dévouement à la France, les Canadiens jetèrent les yeux sur l'avenir avec inquiétude. Délaissés par la partie la plus riche et la plus éclairée de leurs compatriotes qui, en abandonnant le pays, les privèrent du secours de leur expérience ; faibles en nombre et mis un instant pour ainsi dire à la merci des populeuses provinces anglaises auxquelles ils avaient résisté pendant un siècle et demi avec tant d'honneur, ils ne désespérèrent pas, néanmoins, de leur position. Ils exposèrent au nouveau gouvernement leurs vœux en réclamant les droits qui leur avaient été garantis par les traités ; ils représentèrent avec un admirable tact que la différence même qui existait entre leur langue et leur religion et celles des colonies voisines, les attacherait plutôt à la cause métropolitaine qu'à la cause coloniale : ils avaient deviné la révolution américaine.

Le hasard a fait découvrir dans les archives du secrétariat provincial à Québec, un de ces mémoires, écrit avec beaucoup de sens, et dans lequel l'auteur a fait des prédictions que les événements n'ont pas tardé à réaliser. En parlant de la séparation probable de l'Amérique du

Nord d'avec l'Angleterre, il observe «que s'il ne subsiste pas entre le Canada et la Grande-Bretagne d'anciens motifs de liaison et d'intérêt étrangers à ceux que la Nouvelle-Angleterre pourrait, dans le cas de la séparation, proposer au Canada, la Grande-Bretagne ne pourra non plus compter sur le Canada que sur la Nouvelle-Angleterre. Serait-ce un paradoxe d'ajouter, dit-il, que cette réunion de tout le continent de l'Amérique, formée dans un principe de franchise absolue, préparera et amènera enfin le temps où il ne restera à l'Europe de colonies en Amérique, que celles que l'Amérique voudra bien lui laisser; car une expédition préparée dans la Nouvelle-Angleterre sera exécutée contre les Indes de l'ouest, avant même qu'on ait à Londres la première nouvelle du projet.

S'il est un moyen d'empêcher, ou du moins d'éloigner cette révolution, ce ne peut être que de favoriser tout ce qui peut entretenir une diversité d'opinions, de langage, de mœurs et d'intérêt entre le Canada et la Nouvelle-Angleterre.»

La Grande-Bretagne, influencée par ces raisons qui tiraient une nouvelle force des événements qui se préparaient pour elle au-delà des mers, ne balança plus entre ses préjugés et une politique dictée si évidemment dans l'intérêt de l'intégrité de l'empire. La langue, les lois et la religion des Canadiens furent conservées dans le temps même où il aurait été comparativement facile pour elle d'abolir les unes et les autres, puisqu'elle possédait alors la moitié de toute l'Amérique. Elle eut bientôt lieu de se réjouir de ce qu'elle avait fait cependant. Deux ans à peine s'étaient écoulés depuis la promulgation de l'acte de 1774, que ses anciennes colonies étaient toutes en armes contre son autorité, et faisaient de vains efforts pour s'emparer du Canada, qu'elles disaient n'avoir aidé à conquérir que pour l'intérêt et la gloire de l'Angleterre.

Les Canadiens, appelés à défendre leurs institutions et leurs lois garanties par les traités et par ce même acte de 1774, que le congrès des provinces rebelles avait maladroitement « déclaré injuste, inconstitutionnel, très dangereux et subversif des droits américains », se rangèrent sous le drapeau de leur nouvelle mère-patrie, qui profita ainsi plus tôt qu'elle ne l'avait pensé, de la sagesse de sa politique, politique sanctionnée depuis par le parlement impérial, en deux occasions solennelles, savoir : en 1791, en octroyant une charte constitutionnelle à cette province ; et, en 1828, en déclarant que « les Canadiens d'origine française ne devaient pas être inquiétés le moins du monde dans la jouissance de leurs lois, de leur religion et de leurs privilèges, tel que cela leur avait été assuré par des actes du parlement britannique ».

Si cette politique, qui a déjà sauvé deux fois le Canada, a été méconnue et répudiée par l'acte d'union, il n'est pas improbable que les événements y fassent revenir, et qu'on s'aperçoive que les Canadiens, en s'anglifiant, ne deviennent rien moins qu'Anglais. Rien n'indique que l'avenir sera différent du passé ; et ce retour pourrait être commandé par le progrès des colonies qui restent encore à la Grande-Bretagne dans ce continent, et par la perspective d'une révolution semblable à celle qui a frayé le chemin à l'indépendance de l'Union américaine.

S'il en était autrement, il faudrait croire que le cabinet de Londres a jugé d'avance la cause de la domination britannique dans cette partie du monde, et qu'il la regarde comme définitivement perdue. Mais l'on doit présumer qu'il y connaît fort bien la situation des intérêts anglais ; qu'il a déjà jeté les yeux sur l'avenir, comme on peut l'inférer de quelques passages qui se trouvent dans le rapport de lord Durham sur le Canada, et qu'il désire enfin le dénoûment le moins préjudiciable à la nation. La Grande-Bretagne tient notre sort entre ses mains ; et selon que sa conduite sera juste et éclairée, ou rétrécie et tyrannique, ces belles et vastes provinces formeront, lorsque le temps en sera venu, une nation indépendante et une alliée utile et fidèle, ou elles tomberont dans l'orbite de la puissante république qui semble destinée à lui disputer l'empire des mers. Cette question mérite l'attention grave des hommes d'État métropolitains et coloniaux ; plusieurs peuples sont intéressés à sa solution.

Dans les observations ci-dessus, nous avons énoncé franchement et sans crainte nos vues sur un sujet qui doit préoccuper tous les Canadiens dans la situation exceptionnelle où ils se trouvent comme peuple. Nous l'avons fait, parce que nous croyons que nos lecteurs avaient droit de connaître notre opinion à cet égard ; nous avons dû aussi exprimer nos espérances que nous croyons bien fondées, parce qu'elles procèdent des déductions les plus sévères des faits historiques dont nous allons dérouler le riche et intéressant tableau.

INTRODUCTION

Chapitre premier

Découverte de l'Amérique 1492-1534

De l'Amérique : a-t-elle été connue des anciens ? — L'Atlantide. — L'Amérique n'était pas connue des modernes. — Découverte des Portugais et des Espagnols. Christophe Colomb ; sa naissance, sa vie ; il s'établit à Lisbonne ; va en Espagne ; Ferdinand et Isabelle à qui il fait part de son projet d'aller aux Indes par l'Ouest, lui donnent trois bâtiments. — Il découvre l'Amérique. — Son retour : réception magnifique qu'on lui fait à la cour. — Suite de ces découvertes. — Envoyé en Espagne dans les fers par Bovadilla. — Caractère de Colomb. — Continuation des découvertes des Espagnols et des Portugais. — Sébastien Cabot, Vénitien, découvre la Floride, Terreneuve et les côtes de Labrador pour Henri VII d'Angleterre. — Verazzani, au service de François I, côtoie l'Amérique, depuis la Floride jusqu'à Terreneuve. — Les pêcheurs basques, bretons et normands faisaient la pêche de la morue sur les bancs de Terreneuve depuis longtemps.

Les Grecs et les Romains, qui divinisaient tout ce qui porte un caractère de grandeur et de beauté, mettaient les fondateurs de leur patrie au rang des dieux. Chez eux, Colomb eût été placé à côté de Romulus. Le hasard, auquel sont dues tant de découvertes, n'a été pour rien dans celle de l'Amérique. Colomb seul a eu la magnifique idée d'aller sonder les mystères qui sommeillaient sur les limites occidentales de la mer Atlantique, vers lesquelles l'Europe jetait, en vain, un œil scrutateur depuis tant de siècles ; lui seul, il a su retrouver un monde perdu depuis des milliers d'années peut-être. Ce continent qui forme presque un tiers du globe habitable, a été entrevu, à ce qu'il paraît, de quelques peuples anciens de l'Europe, et probablement en relation avec les nations plus anciennes encore, qui y avaient précédé ceux-ci. Les traditions égyptiennes parlent d'une île nommée Atlantide située au couchant des colonnes d'Hercule dans l'Océan, et que les Phéniciens disent avoir aussi visitée.

Le premier auteur qui en fasse mention est Platon dans deux de ses dialogues, dont l'un est intitulé : *Timée*, et l'autre, *Critias*. Sur une tradition qui a un fond de vérité, il brode un événement qui paraît fait pour flatter la vanité nationale des Grecs. Solon voyageait en Égypte. Un prêtre de ce pays, parlant des antiquités d'Athènes, lui dit : « Il y a longtemps qu'Athènes subsiste. Il y a longtemps qu'elle est civilisée. Il y a longtemps que son nom est fameux en Égypte par des exploits que vous ignorez et dont l'histoire est consignée dans nos archives : c'est là que vous pouvez vous instruire dans les antiquités de votre ville… C'est là que vous apprendrez de quelle manière glorieuse les Athéniens, dans les temps anciens, réprimèrent une puissance redoutable qui s'était répandue dans l'Europe et l'Asie, par une irruption soudaine de guerriers sortis du sein de la mer Atlantique. Cette mer environnait un grand espace de terre, situé vis-à-vis de l'embouchure du détroit appelé les colonnes d'Hercule. C'était une contrée plus vaste que l'Asie et la Libye ensemble. De cette contrée au détroit il y avait nombre d'autres îles plus petites. Ce pays dont je viens de vous parler, ou l'île Atlantide, était gouverné par des souverains réunis. Dans une expédition, ils s'emparèrent d'un côté de la Libye jusqu'à l'Égypte, et de l'autre côté de toutes les contrées jusqu'à la Tirhénie. Nous fûmes tous esclaves, et ce furent vos ayeux qui nous rendirent la liberté : ils conduisirent leurs flottes contre les Atlantes et les défirent. Mais un plus grand malheur les attendait. Peu de temps après leur île fut submergée ; et cette contrée plus grande que l'Europe et l'Asie ensemble disparut en un clin d'œil. »

Les annales de Carthage rapportent qu'Himilcon vit une nouvelle terre dans les mêmes régions. L'an 356 de la fondation de Rome, un vaisseau carthaginois ayant pris sa route vers le couchant, pénétra dans une mer inconnue, où il découvrit fort loin de la terre une île déserte, spacieuse, arrosée de grandes rivières, couverte de forêts, dont la beauté semblait répondre de la fertilité du sol. Une partie de l'équipage ne put résister à la tentation de s'y établir. Les autres étant retournés à Carthage, le Sénat auquel ils rendirent compte de leur découverte, crut devoir ensevelir dans l'oubli, un événement dont il craignit les suites. Il fit en conséquence donner secrètement la mort à ceux qui étaient revenus dans le vaisseau ; et ceux qui étaient restés dans l'île demeurèrent sans ressource pour en sortir[1]. Il semble assez certain aujourd'hui que cette île est le Nouveau-Monde.

---

1. Aristote, Théophraste. La coutume de la cupide Carthage était de faire périr ainsi tous ceux qui pouvaient sciemment ou non nuire à ses intérêts ou exciter les soupçons du Conseil des cent, image du Conseil des dix de Venise. « Carthage, dit Montesquieu, avait un singulier droit des gens ; elle faisait noyer tous les étrangers qui trafiquaient en Sardaigne et vers les colonnes d'Hercule. »

Ces rapports ou traditions ont pris la consistance de la vérité depuis les découvertes archéologiques faites dans l'Amérique centrale par Antonio del Rio et autres ; découvertes qui donnent aussi plus de probabilité que jamais à l'hypothèse que les Atlantes étaient des habitants de ce continent. Mais en quel temps ont-ils existé ? Quelques écrivains veulent que ce soit avant le déluge[1]. Quoiqu'il en soit, il est probable qu'à l'époque de l'existence de cet ancien peuple, l'Amérique était en communication avec l'Europe. Les ruines majestueuses de Palenque et de Mitla, dans les forêts du Yucatan, où l'on trouve des pyramides, des restes d'édifices aussi vastes qu'imposants, des idoles de granit, des bas-reliefs colossaux, des hiéroglyphes, etc., témoignent qu'il avait atteint un haut degré de civilisation[2].

Au reste, il n'existait plus au temps des Carthaginois, qui ne trouvèrent dans ce continent, comme Colomb, que des forêts sans le moindre vestige d'art ni d'industrie.

Tels sont les témoignages de l'antiquité sur l'existence de l'Atlantide qui demeura toujours cependant un objet de spéculation parmi les savants, anciens et modernes, jusqu'au 15e siècle. À cette époque, les peuples de l'Europe avaient les idées les plus confuses des pays avec lesquels ils n'étaient pas immédiatement en rapport. Les contemporains de Colomb croyaient encore que la Zone torride, brûlée par les rayons qui tombaient perpendiculairement du soleil, était inhabitable. L'imagination se plaisait à peupler d'êtres extraordinaires et merveilleux les

---

1. Le bailli d'Engel : *Essai sur cette question, quand et comment l'Amérique a-t-elle été peuplée d'hommes et d'animaux ?*

2. Diodore de Sicile. Isoard Delisle. *Histoire des Atlantes.*

contrées inconnues; et l'on était plus empressé de croire des relations fabuleuses que de les critiquer ou d'aller en reconnaître la vérité sur les lieux mêmes.

Malgré toutes les fables que l'on débitait sur l'Occident, il est certain que jusqu'à Colomb, personne n'avait pensé à aller explorer ces régions des mers, et qu'au commencement du quinzième siècle les savants, perdus au milieu des débris des connaissances géographiques qu'ils avaient amassées avec peine, étaient dans une ignorance profonde à l'égard de cette partie du globe[1].

L'on ne s'arrêtera pas aux expéditions supposées des Gaulois, des Scandinaves, et d'autres peuples septentrionaux, en Amérique. Le hasard peut les avoir conduits jusque dans le Groenland, jusque dans ce continent même. Mais quoiqu'il soit probable que les Danois ou les Norvégiens aient colonisé cette île à une époque reculée[2], leurs voyages étaient inconnus dans le reste de l'Europe, où les contrées qu'ils fréquentaient étaient regardées comme des îles avancées qui hérissaient les bords orientaux de l'Océan.

Enfin, les temps étaient arrivés où les hommes sortis des ténèbres de l'ignorance allaient prendre un nouvel essor.

Le commerce et l'esprit d'aventures surtout, entraînaient depuis bien des années les navigateurs au-delà des anciennes limites connues. On dit que les Normands, conduits par le génie inquiet et entreprenant qui les distinguait, avaient pénétré jusqu'aux îles Canaries, où les

---

1. Washington Irving : — *Histoire de Christophe Colomb.*

2. La Peyrère rapporte que les Norvégiens découvrirent en passant par l'Islande le Groenland en 770. *Relation de l'Islande.*

avaient devancés les Espagnols, et même plus au sud, dans leurs expéditions commerciales, ou à mains armées pour piller les habitants. Jean de Béthencourt, baron normand, ayant conquis les Canaries, les posséda à titre de fief relevant de la couronne de Castille, et les laissa à ses enfants. Ces îles étaient fameuses chez les anciens qui y avaient placé le jardin des Hespérides, alors les bornes du monde connu. Telle fut la première navigation importante faite sur l'Océan par les modernes ; elle servit à enhardir les navigateurs, et à exciter leur émulation dans leurs courses maritimes.

Le Portugal, l'un des plus petits pays de l'Europe, était destiné à ouvrir la carrière des découvertes géographiques qui devaient illustrer l'esprit curieux et insatiable des modernes. Ses capitaines avaient déjà fait des progrès dans cette nouvelle voie, lorsque Henri parut, prince à jamais mémorable dans les annales de la navigation et du commerce : il donna à tout un nouvel essor. Profondément versé dans toutes les sciences qui ont rapport à la marine, il forma le projet d'envoyer des navires en Asie en leur faisant doubler le continent africain, et d'ouvrir ainsi au commerce des Indes, un chemin plus expéditif et moins dispendieux que celui de la mer Rouge. Les Carthaginois avaient autrefois entrepris ce même voyage. S'il réussissait, lui, il faisait du Portugal le centre du commerce et des richesses de l'Europe. Cette idée était digne de son génie qui était bien en avant de son siècle.

Sous ses auspices, les navigateurs portugais doublèrent le cap Bojador, pénétrèrent dans les régions redoutables du Tropique, et explorèrent les côtes de l'Afrique jusqu'au cap Vert, entre le Sénégal et la Gambie, qu'ils découvrirent en 1474. Presque dans le même temps Gonzalo Vello découvrit les îles Açores à 360 lieues de

Lisbonne entre l'Europe et l'Amérique ; mais Henri mourut au milieu de ces découvertes, et plusieurs années avant que Vasquez de Gama pût doubler le cap de Bonne-Espérance. Néanmoins l'honneur de cette grande entreprise lui appartient tout entier.

Les découvertes des Portugais excitèrent bientôt l'attention de toute l'Europe [1]. Le bruit de leurs expéditions lointaines, et les relations presque merveilleuses de leurs voyageurs, se répandirent dans tous les pays. Les hommes les plus hardis se dirigèrent sur le Portugal pour aller chercher fortune ou des aventures dans les régions nouvelles vers lesquelles les marins de cette nation s'élançaient avec ardeur. Colomb était de ce nombre ; il vint à Lisbonne en 1470 [2].

Colomb, dont le nom est à jamais lié à l'histoire du Nouveau-Monde, est né, suivant la supposition la plus vraisemblable, à Gênes, vers 1435 ou 36. Son père était réduit à vivre du travail de ses mains. Il ne put faire donner à son fils qu'une éducation médiocre. Le jeune Colomb montra de bonne heure du penchant pour la science géographique et la mer eut pour lui un attrait irrésistible. Il entra dans cette carrière périlleuse à l'âge de 14 ans. Les premières années de sa vie maritime sont enveloppées de beaucoup d'obscurité. Il paraît néanmoins qu'il prit part à plusieurs expéditions de guerre, soit contre

---

1. Herrera.

2. Son fils Ferdinand dit que c'est un accident fortuit qui l'amena à Lisbonne. À la suite d'un engagement avec des galères de Venise, entre cette ville et le cap Saint-Vincent, le vaisseau de son père et celui de son ennemi prirent feu, et Colomb fut obligé de se jeter à la mer et atteignit heureusement le rivage qui était à plus de deux lieues. *Histoire de l'Amiral*, ch. 5.

les barbaresques, soit contre des princes d'Italie. Il servit aussi sous Jean d'Anjou dans la guerre de Naples, et sous Louis XI, les rois de France étant dans l'usage de prendre des navires de Gênes à leur solde. Dans ces diverses courses, il déploya de l'habileté et un grand courage, qualités qu'il fit briller surtout dans l'expédition de Naples[1].

Pendant sa résidence à Lisbonne, il s'occupa de sa science favorite, et se rendit familier avec toutes les découvertes des Portugais, et avec les auteurs anciens et modernes qui traitaient de la cosmographie. Il fit avec les premiers plusieurs voyages sur les côtes de la Guinée, et un en Islande en 1477. Ses travaux et ses études le mirent aussi en relation avec plusieurs savants de l'Europe, et des navigateurs qui avaient pris part aux voyages qui s'étaient faits depuis le prince Henri. C'est en vivant au milieu de ce monde, dont l'imagination s'exaltait au récit des découvertes journellement annoncées, qu'il conçut, en 1474, le dessein d'aller aux Indes en cinglant droit à l'ouest. Ce projet, dans ses idées, n'avait rien que de raisonnable, parce qu'il s'était convaincu, contre l'opinion des partisans du système de Ptolémée, alors reçu partout, que la terre était ronde, ainsi que plusieurs anciens l'avaient pensé, et qu'allait l'enseigner Copernic dans le nord de l'Europe, quelques années plus tard.

Vers cette époque, sous Jean II de Portugal, l'on appliqua à la navigation l'astrolabe, qui est devenu l'octant par les améliorations du célèbre Auzout. Cet instrument, avec la boussole qui commençait à s'introduire, permit aux navigateurs de s'éloigner sans crainte des routes tracées.

---

1. *Histoire de l'Amiral* (C. Colomb). Bossi.

Il fit part de son projet à la cour du Portugal, et sollicita vainement le roi Jean II, de lui donner quelques vaisseaux pour tenter une entreprise dont le succès jetterait une gloire ineffaçable sur son règne. Refusé par ce prince, il partit pour l'Espagne en 1484, avec son fils Diègue, afin de faire les mêmes propositions à Ferdinand et Isabelle. Après huit ans de sollicitations auprès de ces monarques, durant lesquels il passa par toutes les épreuves, et eut à lutter contre tous les obstacles que l'ignorance et l'incrédulité peuvent inventer, son génie persévérant triompha. Tout le monde connaît le fameux examen qu'on lui fit subir devant les théologiens d'Espagne qui voulaient lui prouver, la Bible à la main, son erreur. Presque dans le même temps, les rois de France et d'Angleterre, auprès desquels il avait fait faire des démarches par son frère Barthélémi, envoyaient des réponses favorables. Ferdinand et Isabelle lui donnèrent trois petits navires, dont deux sans pont, et le plus gros ayant nom *Santa Maria*, avec le titre d'Amiral des terres qu'il pourrait découvrir. Il fit voile de Palos le 3 août 1492, accompagné des trois frères Pinçon, qui voulurent hasarder leur vie et leur fortune dans cette expédition.

La petite escadre avait à bord pour douze mois de provisions, et portait quatre-vingt-dix hommes, la plupart marins, avec quelques aventuriers qui suivaient la fortune de Colomb. La traversée ne fut pas orageuse; mais une crainte superstitieuse qui s'était emparée de l'esprit des matelots, leur faisait voir sans cesse mille dangers imaginaires. Cette crainte fut encore augmentée par les variations du compas remarquées alors pour la première fois, et qui leur firent croire que les lois de la nature changeaient à mesure qu'ils avançaient. Tantôt ils tombaient dans le plus grand découragement; tantôt, perdant patience, ils poussaient des cris de révolte et allèrent même un jour jusqu'à menacer Colomb de le jeter à la mer. Le génie ferme de ce capitaine ne l'abandonna point et il réussit à les maîtriser, et à relever leur courage. Il y avait 70 jours qu'ils avaient quitté Palos, lorsque, dans la nuit du 12 octobre, une lumière qui allait et venait à quelque distance des bâtiments, frappa tout à coup la vue de Colomb, qui, n'osant s'en rapporter à ses yeux, la fit observer à un homme qui était près de lui. L'on attendit le jour avec la plus grande anxiété. Dès qu'il commença à poindre, on aperçut la terre. À ce spectacle, tout le monde fut transporté d'une vive allégresse sur les trois navires; l'on entonna à haute voix le *Te Deum* en action de grâces; des larmes de joie coulaient de tous les yeux.

Quand le soleil fut levé, on lança toutes les chaloupes à l'eau, et on les arma: chacun mit ses plus beaux habits. Colomb fit déployer les étendards, et donna l'ordre de ramer vers le rivage aux accents d'une musique guerrière. Il fut le premier qui y mit le pied, tenant une épée nue à la main. Tous les Espagnols tombèrent à genoux et baisèrent cette terre qu'ils désiraient si ardemment et depuis si longtemps. Ils plantèrent ensuite une croix et prirent possession du pays au nom de la couronne de Castille et de Léon. La terre où ils débarquèrent est une des îles Lucayes, ou Bahama, que Colomb nomma San-Salvador.

Les Espagnols trouvèrent la rive couverte de Sauvages qui manifestaient, par leurs gestes et par leurs attitudes, leur profond étonnement. La blancheur de la peau des Européens, leur costume, leurs armes, leurs navires, tout excitait l'admiration des naturels qui les prirent pour les fils du soleil, qui venaient visiter la terre. Les armes à feu des Espagnols, les canons surtout dont l'explosion imite le bruit du tonnerrre, en les remplissant d'épouvante, contribuèrent à les persuader davantage que ces nouveaux venus étaient d'origine céleste. D'un autre côté, si les aborigènes étaient dans l'étonnement, les Espagnols n'étaient pas moins surpris de tout ce qui frappait leurs regards. Sans parler des habitants, de leur teint cuivré, de leur mine farouche, il n'y avait pas jusqu'aux arbres et aux plantes qui ne présentassent une différence avec ceux de l'Europe. Du reste le climat était agréable, et le sol paraissait d'une grande fertilité, quoiqu'il ne portât aucune marque de culture.

Colomb continua ses découvertes. Il visita les îles Lucayes, et ensuite celles de Cuba et de Saint-Domingue où il trouva le tabac dont les Indigènes faisaient usage pour fumer, pratique inconnue des Européens, et la pomme de terre, humble tubercule peu apprécié alors, dit Washington Irving, mais dont l'acquisition fut plus précieuse pour l'homme que toutes les épices de l'Orient. Il prit encore possession de ces nouvelles conquêtes pour l'Espagne.

Colomb fut bien accueilli par les différentes peuplades qu'il visita. Ayant perdu un de ses navires sur l'île de Saint-Domingue, il se détermina à y laisser une partie de ses équipages. Il obtint du cacique de la contrée, la permission de bâtir un fort qu'il appela de la Nativité, à condition que la garnison qu'il y mettrait lui prêterait secours contre les Caraïbes, peuple féroce et pillard qui habitait les îles les plus méridionales. Les Indiens travaillèrent eux-mêmes, avec un aveugle empressement, à élever ce fort, qui fut le premier monument de leur servitude. Le 4 janvier 1493 Colomb remit à la voile pour l'Europe. Son petit navire, après une traversée orageuse, rentra le 16 mars dans le port de Palos aux acclamations de la population.

L'immortel navigateur partit immédiatement pour aller rendre compte de ses découvertes à Ferdinand et Isabelle. Son voyage de cette ville à Barcelone où était la cour, fut une marche triomphale au milieu des populations accourues de toutes parts sur son passage pour le voir.

Les deux monarques voulurent le recevoir avec une pompe royale, et le trône fut dressé devant le peuple sous un dais magnifique. Le roi et la reine, entourés des grands de la nation, se levèrent à l'approche de Colomb, qui entra suivi d'un foule de seigneurs entre lesquels il se distinguait par un port noble et imposant, et une chevelure blanche qui tombait sur ses épaules. Après l'avoir fait asseoir en leur présence, honneur accordé très rarement même aux plus grands de l'Espagne, les deux monarques lui firent raconter les événements les plus remarquables de son voyage, récit qu'ils écoutèrent avec l'émotion la plus profonde. Quand il eut fini, ils se jetèrent tous deux à genoux, et levant les mains vers le ciel, ils le remercièrent, en versant des larmes de joie et de reconnaissance, d'avoir couronné leur entreprise d'un succès aussi éclatant qu'il était inattendu. Tous ceux qui étaient présents les imitèrent, et un enthousiasme profond et solennel s'empara de cette auguste assemblée.

Colomb fut anobli, lui et toute sa postérité.

La nouvelle de ses découvertes se répandit aussitôt dans le reste de l'Europe, où elle causa un étonnement extrême. Les savants capables d'en apprécier la grandeur et les effets, se félicitèrent de vivre à l'époque où cet événement extraordinaire venait de reculer si loin les bornes des connaissances et des observations de l'esprit humain [1].

---

1. Robertson. Herrera.

Colomb fit encore trois voyages dans le Nouveau-Monde[1], dans lesquels il découvrit presque toutes les îles de l'archipel du Mexique. Dans le dernier, il côtoya le continent méridional, depuis la baie de Honduras jusqu'au golf de Darien. Il aborda également à la côte de la Terre-Ferme et explora le golfe de Paria. C'est dans une de ces expéditions que François de Bovadilla, gouverneur de Saint-Domingue, et ennemi de Colomb, le fit arrêter et osa l'envoyer chargé de fers en Espagne. Le Roi lui fit des excuses ; mais Colomb n'oublia jamais ce trait de noire ingratitude. Il portait ces fers partout où il allait avec lui, et il ordonna qu'ils fussent mis dans son tombeau après sa mort.

Colomb était de haute stature, avait le visage long et de bonne mine, le nez aquilin, les yeux bleus, le teint blanc, tirant sur le rouge enflammé. Il avait eu les cheveux roux dans sa jeunesse ; mais les périls où il s'était trouvé, et ses travaux, les firent bientôt devenir blancs. Il avait l'air gracieux, parlant bien et avec beaucoup d'éloquence. Il était avec cela doué d'un grand courage.

Tandis qu'il continuait ses conquêtes dans les îles de la baie du Mexique, d'autres voyageurs, émules de sa gloire, tentaient des routes nouvelles dans le même hémisphère. Pinçon découvrit, en 1500, le fleuve des Amazones et une partie du Brésil. Cabral en revenant de Calicut, prenant trop au large pour doubler le cap de Bonne-Espérance, arriva en présence de terres inconnues, qui se trouvèrent être une partie des côtes du Brésil. Ainsi, comme l'observe Robertson, si Colomb n'eût pas

1. L'un de 1493 à 96 ; le second en 1498, et le dernier de 1502 à 1504.

découvert l'Amérique en 1492, le hasard l'aurait probablement indiquée à l'Europe cinq ans plus tard.

Ces brillantes découvertes des Portugais et des Espagnols réveillèrent enfin les autres nations de leur long assoupissement. Une noble émulation commença à s'emparer d'elles, et leurs marins prirent le chemin de ces mers mystérieuses sur lesquelles leur imagination ne plongeait naguère encore qu'avec effroi. Sébastien Cabot, Vénitien [1], au service de Henri VII, roi d'Angleterre, fit un voyage, en 1497, à la recherche d'un passage aux Indes par le Nord-Ouest. Il s'éleva au nord jusque par le 58e degré de latitude, et découvrit la Floride, Terreneuve et Labrador. Il fut le premier navigateur qui fréquenta les mers de l'Amérique septentrionale [2]. Les Espagnols et les Anglais qui se sont partagés presque tout ce continent, doivent ainsi ces vastes contrées au génie italien.

Cependant l'on croyait universellement que les terres découvertes au couchant, formaient partie du continent asiatique, quoiqu'elles ne répondissent point aux descriptions des Indes que l'on cherchait. On ne s'imaginait pas encore qu'elles pussent former un continent à part, c'est pourquoi on leur donna d'abord le nom d'*Indes occidentales*. L'on resta dans cette erreur jusqu'en 1513, alors

---

1. Quelques auteurs prétendent qu'il est né à Bristol; mais la lettre qu'il écrivit au nonce d'Espagne, contient ces mots qui décident la question. « Quand mon père partit de Venise pour s'établir en Angleterre... il m'emmena avec lui, j'étais fort jeune alors. » Quant à la date de son voyage en Amérique, un grand nombre d'anciens écrivains disent que ce fut de 1507 à 1516, comme Herrera, Lopez de Gomera, Corneille Wytfliet, Antoine Magin, R. Thorne, &c.

2. Hackluit.

que Vasco de Nunez aperçut du haut des montagnes du Mexique, la mer Pacifique dont lui avait parlé un chef indien quelque temps auparavant. Déjà vers cette époque, l'on commençait à donner à une portion du Brésil, le nom d'Amérique, qui s'étendit petit à petit dans la suite à tout le continent. Voici comment s'introduisit cette appellation. Améric Velpuce, de Florence, accompagna Alonzo de Ojeda dans une expédition à la Terre-Ferme en 1499. Il fit deux ans après un autre voyage sur les côtes du Brésil, et ensuite un troisième dans la même contrée, où il découvrit la baie de tous les Saints pour le roi de Portugal. Il publia à Strasbourg, en 1505, et à Saint-Diez en Lorraine deux ans après, deux relations de ses voyages, dans la dernière desquelles il prétend avoir découvert la Terre-Ferme en 1497, l'année même où Colomb y aborda pour la première fois. Presque tous les auteurs, s'appuyant sur des documents contemporains, regardent cette dernière relation, que Velpuce a donnée sous la forme d'une lettre au Prince René de Lorraine, comme l'histoire de ses aventures particulièrement dans le voyage qu'il fit avec Ojeda[1]. Néanmoins, comme ses deux relations furent longtemps les seules rendues publiques sur le Nouveau-Monde, son nom resta attaché à ce continent, et fut ensuite consacré par l'usage.

Trois ans après le voyage de Cabot, il paraît que les côtes de Terreneuve et de Labrador furent visitées par un Portugais nommé Cortéréal; mais il n'y fit point d'établissement, du moins rien ne l'indique.

---

1. Témoignages dans le procès du fils de Colomb avec le roi. 1508. Las Casas, Al. Sanchez de Carvajal, Herrera.

Nous touchons enfin à l'époque où nous trouvons les Basques, les Bretons et les Normands faisant tranquillement la pêche de la morue sur le grand banc de Terreneuve et sur les côtes du Canada. Charlevoix nous assure avoir vu, dans des mémoires, qu'un habitant de Honfleur, nommé Jean Denis, avait tracé une carte d'une partie du golfe Saint-Laurent en 1506. L'on peut raisonnablement se demander comment ils ont pu se mettre en possession, simultanément et si peu de temps après le voyage du navigateur vénitien, de cette branche d'industrie. Il semble qu'il aurait fallu à cette pêche plus d'une dizaine d'années pour acquérir l'étendue et l'importance qu'elle avait déjà. C'est ce qui a fait croire à quelques écrivains, que les navigateurs français connaissaient les parages dont nous parlons depuis longtemps. Quelques-uns même l'assurent positivement, comme l'auteur des *Us et coutumes de la mer*, ouvrage estimé.

Il est certain que, lorsque Sébastien Cabot visita Terreneuve, les naturels qu'il vit sur le rivage lui dirent que cette île se nommait *Bacalleos* du nom d'un poisson qui fréquentait ces mers. Ce mot qui n'est pas sauvage, mais basque, est le nom que la tortue porte dans cette langue. Nous livrons du reste ces réflexions au lecteur qui en tirera les conjectures qu'il croira les plus raisonnables.

Cependant, malgré l'intérêt que plusieurs autres nations prenaient aux découvertes d'outre-mer, le gouvernement français ne fit aucune attention à l'Amérique jusqu'en 1523. Les seuls rapports que la France avait eus jusque-là avec ces nouvelles contrées, avaient été établis par des particuliers et dans l'intérêt de leurs entreprises commerciales. Il est probable qu'il entrait dans leurs calculs de se tenir autant que possible dans l'ombre du secret. Néanmoins, en 1518, le baron de Léri, mû par le bien public et la gloire de la nation, et sans doute aussi par l'exemple des Espagnols, essaya de fonder un établissement dans le nord de l'Acadie. C'était un homme de courage et qui brûlait du désir de se distinguer par de grandes choses. Il partit pour le Nouveau-Monde afin d'y commencer une colonie; son dessein était de s'y fixer lui-même. Mais les vents et d'autres obstacles firent échouer son entreprise.

François I venait de succéder à Louis XII. Les guerres et la sévère économie du feu roi, qui n'avait d'autre pensée que celle d'alléger les charges qui pesaient sur ses peuples, l'empêchèrent d'envoyer des expéditions dans le Nouveau-Monde, soit pour y faire des découvertes, ou y fonder des colonies. François I, quoique moins homme d'État que guerrier, avait néanmoins des qualités plus brillantes, et quelques-unes de celles qui distinguaient un grand prince. Il aimait les entreprises qui pouvaient jeter de l'éclat sur sa couronne; et au milieu de la guerre acharnée qu'il soutenait contre Charles-Quint, dont les vastes États menaçaient l'indépendance de l'Europe, il ne perdit point de vue l'Amérique. Il excita l'émulation de ses sujets pour le commerce et la navigation, comme il le faisait pour les lettres et les beaux-arts. Verazzani, navigateur italien à son service, fut chargé d'aller découvrir de nouvelles terres dans le Nouveau-Monde, dans la vue d'y ouvrir des établissements si le sol et le climat étaient favorables. Ce capitaine fit avec quatre vaisseaux, en 1523, un voyage dont la relation ne nous est pas parvenue. Il en parle dans la lettre qu'il adressa au roi après son second voyage; mais comme il le suppose instruit de ses premières découvertes, il n'entre dans aucun détail sur les pays qu'il avait visités.

Il partit l'année suivante pour sa seconde expédition

avec deux navires, dont il laissa un, la Normande, sur les côtes d'Espagne, et continua seul sa route avec la Dauphine, ayant à bord 50 hommes d'équipage. Après 50 jours de traversée, il atteignit une terre peu élevée qu'il côtoya l'espace d'environ 50 lieues en se dirigeant vers le sud. Ne trouvant point de havre, il vira de bord, et vint jeter l'ancre en pleine mer devant une côte droite et régulière par les 34 degrés de latitude nord, ou à peu près. Les Indigènes, comme ceux de San Salvador, accoururent sur le rivage et manifestèrent, à la vue des Européens et de leur vaisseau, autant de surprise que d'admiration. Il croissait dans leur pays des palmiers, des cyprès d'une grande hauteur, des lauriers, et plusieurs sortes d'arbres inconnus en Europe, qui répandaient un doux parfum sur la mer.

Déployant de nouveau ses voiles, le navigateur français s'éleva au nord jusqu'aux terres découvertes, dit-il, au temps passé par les Bretons, sous le 50e degré de latitude [1].

Le roi fut si content du rapport qu'il fit à son retour en France, qu'il lui donna ordre de préparer une nouvelle expédition. Ce célèbre et infortuné voyageur repartit, suivant l'ordre de son maître, et l'on n'a plus entendu parler de lui depuis.

Le sort funeste de cette expédition interrompit le projet qu'on avait formé d'aller profiter des immenses territoires que le hasard venait de livrer à l'entreprise et à la cupidité européennes au-delà des mers. D'ailleurs, la nation étant encore moins maritime que commerçante,

---

1. Charlevoix et Lescarbot ne s'accordent pas sur l'étendue de pays côtoyée par Verazzani ; mais sa relation est, ce semble, assez claire : la Floride et Terreneuve sont les deux points extrêmes de sa course.

l'on ne pensait pas en France qu'il fût de quelque utilité d'avoir des possessions dans les régions éloignées.

Une autre circonstance qui entrava longtemps la fondation des colonies, c'est l'état agité de la France dans ce siècle. Cet état, on ne peut mieux le peindre qu'en empruntant les paroles philosophiques de l'historien des deux Indes : « Des troubles intérieurs, dit-il, la détournaient (la France) encore plus des grands objets d'un commerce étendu et éloigné, et de l'idée d'aller chercher des royaumes dans les deux Indes.

« L'autorité des rois n'était pas formellement contestée. Mais on lui résistait, on l'éludait. Le gouvernement féodal avait laissé des traces ; et plusieurs de ses abus subsistaient encore. Le prince était sans cesse occupé à contenir une noblesse inquiète et puissante. La plupart des provinces qui composaient la monarchie, se gouvernaient par des lois et des formes différentes. La machine du gouvernement était compliquée. La nation négociait sans cesse avec le prince. L'autorité des rois était illimitée, sans être avouée par les lois ; la nation souvent trop indépendante n'avait aucun garant de sa liberté. De là on s'observait, on se craignait, on se combattait sans cesse. Le gouvernement s'occupait uniquement, non du bien de la nation, mais de la manière de l'assujettir. »

François I est un des rois qui eurent le moins de difficultés et de dissensions intérieures à combattre. Cependant la révolte du fameux connétable de Bourbon, et des émeutes populaires au sujet des impôts, troublèrent son règne. Les discordes civiles et religieuses auraient été probablement beaucoup plus sérieuses sans ses guerres avec le puissant Charles-Quint, dans lesquelles les grands comme les petits voyaient l'intérêt de la France profondément engagé.

À l'époque du départ de Verazzani pour son troisième voyage, l'on était dans le fort de la guerre ; et après la fin désastreuse de cette expédition, jusqu'au rétablissement de la paix, tout projet de colonisation parut abandonné.

Chapitre II

Découverte du Canada
1534-1543

Paix de Cambrai. — Projet d'établissement en Amérique. — Jacques Cartier est nommé pour commander la 1re expédition ; il explore le golfe Saint-Laurent ; son retour en France. — Second voyage de Jacques Cartier ; il découvre le fleuve Saint-Laurent. — Stadaconé (Québec). — Beautés naturelles du pays. — Hochelaga (Montréal). — Cartier hiverne dans la rivière Saint-Charles. — Le scorbut parmi les Français ; il en meurt 26. — Départ de Cartier pour la France. — La guerre fait suspendre les expéditions en Amérique. — Roberval est nommé gouverneur du Canada au rétablissement de la paix. — Troisième voyage de Jacques Cartier ; il remonte le Saint-Laurent jusqu'au lac Saint-Louis et hiverne au Cap-Rouge. — Il part pour l'Europe et rencontre à Terreneuve Roberval qui allait au Canada, et qu'il refuse de suivre. — Roberval au Cap-Rouge ; il s'y fortifie et y passe l'hiver. — Maladie qui emporte 50 personnes. — Cartier vient le chercher pour le ramener en France sur l'ordre du Roi qui le fait mander, la guerre étant de nouveau déclarée avec l'empereur.

Le traité de Cambrai avait rendu la paix à la France. Philippe de Chabot, amiral du royaume, voyant le succès des Portugais et des Espagnols dans l'Amérique centrale et méridionale, où ils soumettaient d'immenses pays à leur domination, avec autant de facilité qu'à peu de frais, proposa au roi de reprendre ses desseins sur le Nouveau-

Monde, d'où il pourrait tirer comme eux de grandes richesses. Les pêcheries considérables qu'on avait sur les côtes de Terreneuve, étaient déjà un premier acheminement vers cette région.

Le monarque, qui avait le goût des entreprises lointaines, se voyant en paix, agréa ce projet, et choisit Jacques Cartier, habile navigateur de Saint-Malo, pour le mettre à exécution. Lorsque la nouvelle en parvint aux rois d'Espagne et de Portugal, ils firent tous deux grand bruit de l'empiètement des Français. *Eh quoi!* dit en riant François I, quand on lui raconta leurs prétentions, *ils partagent tranquillement entre eux toute l'Amérique sans souffrir que j'y prenne part comme leur frère! Je voudrais bien voir l'article du testament d'Adam qui leur lègue ce vaste héritage?*

Cartier partit de Saint-Malo dans le printemps de 1534, avec deux bâtiments de 60 tonneaux chacun et 61 hommes d'équipage, et arriva, au bout de 20 jours, à Terreneuve, d'où il pénétra par le détroit de Belle-île dans le golfe Saint-Laurent. Il parcourut une partie des côtes de cette mer intérieure de 106 lieues de long sur 79 de large, trafiquant avec les Indigènes et examinant le pays attentivement. Il employa deux mois et demi à cette exploration.

Dans ce premier voyage, il ne fit aucune découverte importante, la plupart des parages qu'il visita étant déjà connus des pêcheurs français qui y avaient même donné des noms à plusieurs caps[1]. Il reconnut la côte aride et

1. Comme le cap Royal, le cap d'Orléans près de Miramichi, le cap de Montmorenci, etc. V. *Voyages de découvertes au Canada entre les années 1534, et 1542, par Jacques Cartier*, imprimés à Québec, en 1843, sous la direction de la Société littéraire et historique de cette ville.

désolée du Labrador, longea Terreneuve jusqu'au cap de Raye, passa devant les îles de la Magdeleine et entra dans la baie des Chaleurs, à laquelle il donna le nom qu'elle porte aujourd'hui, à cause du chaud excessif qu'il y éprouva. Selon la coutume européenne, il prit possession du pays pour François I, en élevant, malgré les protestations d'un vieux chef indien, une croix sur une pointe de terre située probablement entre cette baie et le cap des Rosiers.

Toutefois, cette expédition ne fut pas sans fruit, puisqu'elle conduisit à la découverte du Saint-Laurent. Deux naturels de Gaspé qu'il emmena en France, sont les premiers, à ce qu'il paraît, qui lui donnèrent connaissance de l'existence de ce fleuve; et nous sommes porté à croire, par la route qu'il a suivie, que son second voyage a eu principalement pour objet la vérification de ce rapport des Indiens, qui lui donnèrent aussi des informations sur les contrées que ce fleuve traverse depuis Montréal jusqu'à la mer[1].

Cependant la cause de la colonisation ralliait tous les jours de nouveaux amis et d'utiles défenseurs. À Philippe de Chabot, à qui l'on devait la reprise de ces voya-

---

1. «Il y a entre les terres du sud et du nord, environ 30 lieues, et plus de 200 brasses de profond. Et nous ont les Sauvages certifié être le chemin et commencement du grand fleuve de *Hochelaga* et chemin du Canada, lequel allait toujours en étroississant jusque à Canada; et puis que l'on trouve l'eau douce au dit fleuve, qui va si loin que jamais homme n'avait été au bout qu'ils eussent ouï, et qu'autre passage n'y avait que par bateaux. Et voyant leur dire, et qu'ils affirmaient n'y avoir autre passage, ne voulut le dit capitaine passer outre jusqu'après avoir vu le reste» des côtes au nord et au sud. *Second voyage de Cartier.*

ges, vint se joindre Charles de Mouy, sieur de la Mailleraie, vice-amiral, qui s'en montra l'un des plus actifs partisans, et les encouragea de toute son influence. Il obtint pour Cartier des pouvoirs beaucoup plus amples que ceux de l'année précédente, et il lui fit donner trois navires et de bons équipages.

Suivant l'usage à cette époque de fervente piété lorsqu'on commençait quelque grande entreprise, Cartier et ses compagnons implorèrent, avant de s'embarquer, l'aide et la protection du maître de toutes choses. Ils se rendirent en corps à la cathédrale de Saint-Malo, où, après avoir assisté à une messe solennelle et communié très dévotement, l'évêque, revêtu de ses habits pontificaux et entouré de son clergé, leur donna sa bénédiction qu'ils reçurent tous avec un pieux recueillement.

L'escadre portant 110 hommes et des provisions pour un long voyage, ouvrit enfin, après quelques jours d'attente, ses voiles à un vent favorable dans le mois de mai (1535). Elle se composait de la Grande-Hermine de 100 à 120 tonneaux, sur laquelle Cartier arbora son pavillon, comme capitaine général ; de la Petite-Hermine et de l'Émérillon, commandés, l'un par Guillaume Le Breton, et l'autre par Marc Jalobert. Plusieurs gentilshommes servaient à bord en qualité de volontaires. Dans la traversée qui fut longue, la petite flotte fut dispersée par les vents. Cartier n'arriva qu'en juillet dans la baie des Châteaux, dans une île située entre Terreneuve et Labrador, qu'il avait donnée pour rendez-vous ; et les deux autres bâtiments que 19 jours après.

Le capitaine français entra dans le fleuve du Canada par le nord de l'île d'Anticosti. Il s'arrêta quelque temps dans une baie que l'on suppose être l'embouchure de la rivière Saint-Jean, et à laquelle il donna le nom de Saint-

Laurent, appellation qui s'est étendue dans la suite à ce fleuve et au golfe dans lequel il se jette.

Conduit par ses deux Sauvages qu'il avait ramenés avec lui, il le remonta plus de 200 lieues à partir de l'Océan, jusqu'au pied d'une île agréablement située (l'île d'Orléans). Selon leur rapport ce pays se divisait en trois provinces. Le Saguenay s'étendait depuis l'île d'Anticosti jusqu'à l'île aux Coudres. Le Canada, dont la principale bourgade était *Stadaconé* (Québec), commençait à cette dernière île et se prolongeait en remontant le fleuve jusque vers Hochelaga, qui formait la dernière province et la portion la plus riche et la plus populeuse de toute la contrée.

Le nom de *Canada*, donné ici par les Indigènes à une partie du pays à la totalité duquel il s'étend maintenant, ne permet point d'avoir de doutes sur son étymologie. L'on doit donc rejeter les hypothèses de ceux qui veulent lui donner une origine européenne. L'on sait du reste que ce mot signifie, en dialecte indien, amas de cabanes, village.

Cartier fit mettre alors ses guides à terre pour s'aboucher avec les naturels, qu'il vit bientôt s'approcher de ses navires dans de nombreux canots d'écorce, et offrir aux Français des poissons, du maïs et des fruits: il les reçut avec politesse et leur fit distribuer des présents.

Le lendemain, l'*Agouhanna*, ou chef du pays, qui résidait à Stadaconé, descendit avec douze canots pour visiter les étrangers qui entraient sur le territoire de la tribu. L'entrevue fut amicale; et les Européens et les Sauvages se séparèrent fort contents les uns des autres. Avant de partir le chef indien demanda la permission de baiser les bras du capitaine français; ce qui était une des plus grandes marques de respect chez ces peuples.

Cependant, ce dernier, après avoir reconnu le fleuve jusqu'au bassin de Québec, voyant la saison avancée, prit la résolution hardie d'y passer l'hiver. En conséquence, il fit monter ses vaisseaux dans la rivière Saint-Charles, nommée par lui, Sainte-Croix, sous la bourgade de Stadaconé qui couronnait une montagne du côté du sud, pour les mettre en hivernage. Cet endroit du Saint-Laurent est, à cause de ses points de vue, l'un des sites les plus grandioses et les plus magnifiques de l'Amérique.

Les deux rives du fleuve depuis le golfe ont un aspect imposant, mais triste. Sa grande largeur à son embouchure, quatre vingt dix milles, les dangers de ses nombreux écueils et ses brouillards, en en faisant un lieu redoutable pour les navigateurs, contribuent encore à augmenter cette tristesse. Les côtes escarpées qui le bordent pendant l'espace de plus de cent lieues; les montagnes couvertes de sapin noir, qui resserrent au nord et au sud la vallée qu'il descend et dont il occupe par endroits presque tout le fond; les îles aussi nombreuses et variées par leur forme, que dangereuses aux marins, et dont la multitude augmente à mesure qu'on avance; enfin tous ces débris épars des obstacles qu'il a rompus et renversés pour se frayer un passage à la mer, saisissent l'imagination du voyageur qui le remonte pour la première fois, autant par leur majesté que par la solitude profonde qui y règne.

Mais à Québec la scène change. Autant la nature est âpre et sauvage sur le bas du fleuve, autant elle est ici variée et pittoresque, sans cesser de conserver un caractère de grandeur.

À peine d'anticiper sur le temps, reproduisons le tableau qu'en fait un des auteurs qui aient le mieux écrit sur l'Amérique britannique, aujourd'hui que la main de la civilisation a répandu partout sur cette scène l'art, le mouvement et la vie.

« En remontant le fleuve, dit M. McGregor, le spectateur n'aperçoit la ville qu'au moment où il est presqu'en ligne avec l'extrémité supérieure de l'île d'Orléans et la pointe de Lévy. Alors Québec et les beautés sublimes qui l'environnent lui apparaissent tout à coup. Le grand et vaste tableau qui s'offre à ses regards frappe d'une manière si irrésistible qu'il est rare que ceux qui l'ont vu une fois oublient la majesté de cette scène et l'impression qu'ils en ont reçue. Un promontoire abrupt de 350 pieds de hauteur, couronné d'une citadelle imprenable (le Gibraltar du Nouveau-Monde) et entouré de fortes murailles sur lesquelles flotte tous les jours la bannière britannique ; les clochers des cathédrales et des autres églises dont la couverture en fer blanc étincelle au soleil ; la résidence des vice-rois soutenue par de solides contreforts et suspendue au bord du précipice ; les maisons et les magasins qui se pressent dans la basse-ville ; le nombre de navires qui couvrent la rade, ou gisent le long des quais ; les bateaux-à-vapeur qui sillonnent le port dans tous les sens ; des multitudes d'embarcations de toutes les formes ; des vaisseaux en construction, ou qu'on lance dans les ondes ; la cataracte de Montmorency dont l'eau se précipite écumante d'une hauteur de 220 pieds dans le Saint-Laurent ; les églises, les maisons, les champs et les bois de Beauport et de Charlesbourg derrière lesquels s'élèvent les montagnes qui bornent l'horizon ; la côte escarpée et les clochers du village de Saint-Joseph, et au pied les tentes et les canots d'écorce éparpillés sur le rivage ; d'immenses radeaux de bois descendant sur le noble fleuve et venant des forêts des Outaouais ; tout cela peut donner une idée du panorama qui se déploie aux yeux du spectateur qui remonte le Saint-Laurent, lorsqu'il aperçoit pour la première fois la capitale de l'empire britannique dans l'Amérique du nord. »

S'il était permis à Cartier de sortir du tombeau et de contempler maintenant le vaste pays qu'il a livré, couvert de forêts et de hordes barbares et misérables, à l'entreprise et à la civilisation européenne, ce spectacle suffirait bien, ce semble, pour le récompenser de ses travaux et des inquiétudes de ses dangereuses navigations.

Impatient de voir Hochelaga dont on lui avait fort exagéré l'étendue, il partit le 29 septembre avec les gentilshommes et une partie des matelots ; il mit treize jours à y parvenir. L'on sait que cette bourgade occupait à peu près l'emplacement où est aujourd'hui Montréal.

À l'apparition du capitaine français et de sa suite, une grande foule d'hommes, de femmes et d'enfants vint au devant de lui et le reçut avec les marques de la plus grande joie. Le lendemain, il entra dans la bourgade suivi des gentilshommes et des marins qui n'étaient pas restés à la garde des embarcations, tous vêtus de leurs plus beaux habits. Elle se composait d'une cinquantaine de maisons en bois de 50 pas de longueur sur douze ou quinze de largeur, et couvertes d'écorces cousues ensemble avec le plus grand soin. Chaque maison contenait plusieurs chambres distribuées autour d'une grande salle carrée, où toute la famille se tenait habituellement, et où se faisait aussi l'ordinaire.

La ville était entourée d'une triple enceinte circulaire de palissades, percée d'une seule porte fermant à barre. Des galeries régnaient au haut de cette enceinte en plusieurs endroits et au dessus de la porte, avec des échelles pour y monter. Des amas de pierre y étaient déposés pour la défense. Dans le milieu de la bourgade se trouvait une grande place. C'est là où l'on fit arrêter les Français. Après les saluts d'usage parmi ces nations, les Sauvages s'accroupirent autour d'eux. Aussitôt des femmes apportèrent des nattes qu'elles étendirent sur le sol, et y firent asseoir les étrangers. L'*agouhanna* arriva peu de temps après, porté par une dizaine d'hommes. Une peau de cerf fut déployée par terre, et on le déposa dessus. Il paraissait âgé de 50 ans, et perclus de tous les membres. Un bandeau rouge de fourrure ceignait son front. Après avoir salué le capitaine et ceux qui l'accompagnaient, il exprima par des signes combien leur arrivée lui faisait de plaisir. Comme il souffrait beaucoup, il montrait à Cartier les bras et les jambes, le priant de les toucher. Celui-ci les frotta avec ses mains. Le chef sauvage prit alors le bandeau qu'il avait sur la tête et le lui présenta. Aussitôt de nombreux malades et infirmes entourèrent le capitaine français et se pressaient les uns les autres pour le toucher.

Après avoir fait distribuer des présents, il se fit conduire à une montagne qui était à un quart de lieue de là. Du sommet, il découvrit un vaste pays s'étendant de tous côtés jusqu'où l'œil pouvait atteindre, excepté vers le nord-ouest où l'horizon est borné dans le lointain par des montagnes bleuâtres. Vers le centre de ce tableau que traverse le Saint-Laurent, «grand, large et spacieux», s'élèvent quelques pics isolés. Les Sauvages lui montrèrent de la main la direction que suit le fleuve qui vient du couchant, et les endroits où la navigation en est interrompue par des cascades. Partout le pays lui parut propre à la culture. Dans la direction du nord-ouest, ils lui indiquèrent la rivière des Outaouais, dont un bras baigne le pied des Deux-Montagnes; et lui dirent que passé les rapides du Saint-Laurent, l'on pouvait naviguer trois lunes en le remontant, et qu'il y avait vers sa source des mines d'argent et de cuivre.

Enchanté de la vue étendue qu'on a du haut de cette montagne, Cartier la nomma Mont-Royal.

De retour à la rivière Saint-Charles, ayant quelque soupçon sur la disposition des Sauvages, il fit renforcer les palissades que ses gens avaient élevées, pendant son absence, autour des vaisseaux, et garnies de canons. Il s'occupa ensuite des moyens de conserver la santé de ses équipages pendant l'hiver qu'il avait à passer dans le pays. Malgré tous ses soins, le scorbut éclata parmi eux dès le mois de décembre avec une extrême violence, et l'on ne trouva d'abord aucun remède pour arrêter cette maladie qui était encore peu connue. La situation des Français devint déplorable.

Dans cette calamité, la fermeté et le courage de Cartier ne se démentirent pas un instant. Le froid fut excessif; la glace qui entourait ses vaisseaux avait deux brasses d'épaisseur; et il y avait quatre pieds de neige sur la terre; elle était plus haute que les bords des navires. Sur 110 hommes, il n'y en eut que trois ou quatre pendant quelque temps qui fussent en santé; et dans un des vaisseaux, il ne resta personne capable de prendre soin des malades. Trop faibles pour creuser la terre gelée, ceux qui pouvaient marcher enterraient leurs compagnons morts sous la neige. Vingt six personnes succombèrent jusqu'au mois d'avril; et la plupart des autres étaient mourantes, lorsqu'un Indien rencontra par hasard Cartier atteint lui-même de la contagion, et lui indiqua un remède, qui en quelques jours guérit complètement non seulement les simples scorbutiques, mais encore ceux qui étaient attaqués avec cela du mal vénérien.

La belle saison, qui contribua peut-être autant que le

remède du Sauvage à la guérison des malades, arriva enfin. L'on se prépara pour le départ, et le 16 mai Cartier, abandonnant la Petite-Hermine aux naturels faute d'hommes pour la manœuvre[1], commença à redescendre le fleuve, emmenant avec lui pour les présenter au roi, quelques Sauvages au nombre desquels était Donnacona, qui se vantait d'avoir beaucoup voyagé, et d'avoir vu dans les pays occidentaux des hommes portant des vêtements de laine.

---

1. En 1843, sur les indices de quelques chasseurs, M. Hamel, inspecteur-voyer de Québec, a découvert les débris d'un vieux bâtiment enfouis dans la terre à l'embouchure du ruisseau Saint-Michel qui tombe dans la rivière Saint-Charles à l'endroit, ou à peu près, où Cartier a passé l'hiver de 1535-6. Plusieurs personnes instruites pensent que ces débris sont ceux de la Petite-Hermine, d'autant plus qu'on a trouvé quelques projectiles de guerre grossièrement coulés et très anciens au milieu de ces restes. M. Sheppard, président de la société littéraire et historique de cette ville, incline à croire, d'après l'opinion de constructeurs de navires qui ont fait une descente sur les lieux, que le vaisseau en question est d'une date plus récente. D'autres personnes de l'art sont d'une opinion contraire. L'on peut consulter sur cette découverte intéressante : le *Canadien* du 25 août 1843, et le *Journal de Québec* du 10 du même mois 1844, qui contient une dissertation sur cette matière lue par M. A. Berthelot, devant la société de discussion et qui mérite toute l'attention des archéologues. L'opinion de ce savant doit avoir d'autant plus de poids que jusqu'à la publication de son mémoire dit « sur le canon de bronze », l'on croyait généralement dans le pays que Cartier avait hiverné à l'entrée de la rivière qui porte son nom à 10 lieues de Québec ; il prouva dans ce mémoire que l'illustre navigateur de Saint-Malo ne pouvait avoir séjourné que dans la rivière Saint-Charles.

Cartier trouva à son retour la France en proie aux persécutions religieuses, et engagée dans une guerre terrible avec Charles-Quint. Dès l'année précédente, des lois sévères avaient été décrétées contre les nouveaux sectaires ; des échafauds et des bûchers couvraient le royaume. Pendant ce temps-là, l'empereur avait su, par une politique habile, endormir son rival dans ses conquêtes en Italie, et il en profitait pour fondre à la fois sur le nord et sur le sud de ses États, que ses vastes provinces enveloppaient des deux côtés jusqu'à l'Océan. La voix de Cartier fut perdue dans le fracas des armes ; le gouvernement n'eut pas le temps de penser à l'Amérique.

Il fallut attendre un moment plus favorable. Dès l'année suivante cependant, le succès de François I amena une trêve qui fut ensuite prolongée ; mais ce ne fut que vers 1540 qu'on s'occupa sérieusement de la découverte du célèbre navigateur malouin. Tout en France a ses ennemis acharnés ; même les choses les plus utiles. Le résultat de cette dernière expédition réveilla le parti opposé à la colonisation ; il fit sonner bien haut la rigueur du climat des contrées visitées par Cartier ; son insalubrité qui avait fait périr d'une maladie affreuse une partie des Français, enfin l'absence de mines d'or et d'argent. Ces assertions et bien d'autres encore laissèrent une impression défavorable dans quelques esprits. Mais les amis des colonies repoussèrent toutes ces attaques, et firent valoir les avantages que l'on pourrait tirer du commerce de pelleteries avec les Indigènes. D'ailleurs, disait-on, l'intérêt de la France ne permet point que les autres nations partagent seules la vaste dépouille du Nouveau-Monde.

Le parti du progrès l'emporta pour le moment. Dans ce parti se distinguait par dessus tous les autres, François de la Roque, seigneur de Roberval, que François I appelait de petit roi de Vimeu.

Ce seigneur, qui avait su conquérir l'estime du monarque par sa bravoure et sa fidélité, demanda et obtint le gouvernement des pays nouvellement découverts. Cartier fut en même temps nommé capitaine-général de l'escadre qui devait y transporter les colons ; car l'on avait décidé d'y former sans délai un établissement. La difficulté de réunir tout ce qu'il fallait pour l'entreprise, retarda cependant le départ de Roberval ; Cartier prit les devants avec cinq vaisseaux au commencement de l'été de 1541, et après avoir attendu vainement à Terreneuve le gouverneur qui devait le suivre à quelques jours de distance, il continua sa route et vint jeter l'ancre dans l'embouchure de la rivière du Cap-Rouge, à trois lieues de Québec, donnant la préférence à cette rivière sur celle de Saint-Charles, à cause de l'excellente position défensive qu'offre l'élévation d'un de ses bords, qui commande aussi le fleuve très rétréci vers cet endroit.

Il fortifia ce poste et fit commencer les défrichements tandis qu'il allait inutilement tenter une seconde fois, avec le vicomte de Beaupré, de remonter le fleuve au-dessus du Sault-Saint-Louis.

L'hiver se passa assez tranquillement ; mais au printemps les secours qu'on attendait ne parurent point ; et les Sauvages commencèrent à devenir menaçants. Dans ces circonstances Cartier ne vit pas d'autre parti à prendre que de se rembarquer pour la France.

Cependant Roberval n'avait pu faire voile pour le Canada qu'en 1542, avec trois vaisseaux portant 200 personnes des deux sexes et plusieurs gentilshommes. Le hasard fit que les deux escadres se rencontrèrent à Saint-Jean de Terreneuve ; mais Cartier, pour des motifs que nous ne connaissons pas, ne voulut point retourner sur ses pas et suivre le gouverneur, qui n'arriva au Cap-Rouge que vers le milieu de l'été. Cartier avait nommé ce lieu *Charlesbourg-Royal*, celui-ci le nomma *France-Roy*.

Il fit aussitôt commencer de grands travaux pour mettre les colons à l'abri des injures de l'air et des attaques des Indigènes[1]. Dans l'automne, il renvoya deux de ses vaisseaux en France, pour informer le roi de son débarquement et demander des secours de vivres pour l'année suivante.

Le Cap-Rouge, comme la plupart des lieux où l'on a commencé des colonies en Amérique, dut payer le tribut à la mort. Cinquante colons périrent dans le cours de l'hiver. Le printemps seul mit un terme à cette effrayante mortalité.

Dans le mois de juin, le gouverneur partit avec 70 hommes pour tâcher de remonter le fleuve jusqu'à sa

---

1. «Le général susdit, aussitôt son arrivée, fit bâtir un joli fort, proche et un peu à l'ouest du Canada (Québec sans doute), lequel était beau à voir, et d'une grande force, sur une haute montagne, dans lequel il y avait deux corps de logis, une grosse tour, et une autre de la longueur de 40 ou 50 pieds, où il y avait diverses chambres, une salle, une cuisine, des chambres d'office, des celliers haut et bas, et proche d'iceux il y avait un four et des moulins, aussi un poele pour y chauffer les gens, et un puits au devant de la maison. Le bâtiment était situé sur la grande rivière du Canada, appelée *France-Prime* par M. de Roberval. Il y avait aussi au pied de la montagne un autre logement, dont partie formait une tour à deux étages, avec deux corps de logis, où l'on gardait toutes les provisions et tout ce que nous avions apporté; et près de cette tour il y a une autre petite rivière. Dans ces deux endroits, tant en bas qu'en haut, furent logés les gens du commun.» *Voyage de Roberval.*

source, où les Indiens disaient que l'on trouvait des pierres précieuses et des mines d'or abondantes. Mais il paraît qu'il n'eut pas plus de succès que Cartier; du moins c'est ce que l'on doit inférer du silence qui règne à cet égard; car, quoique la fin de la relation de son voyage soit perdue, s'il eût fait quelque nouvelle découverte, il nous en serait sans doute parvenu quelque chose.

Cependant, la nouvelle de son débarquement au Canada était arrivée à Paris juste au moment où la guerre allait se déclarer de nouveau entre François I et Charles-Quint; et le roi, au lieu de lui envoyer les secours qu'il demandait, chargea, au rapport de Lescarbot, Cartier en 1543 de le ramener en France[1], où sa valeur et son influence sur les populations de la Picardie, qui allait devenir le théâtre de la lutte, pourraient lui être utiles, comme en effet elles le furent à ce monarque. La colonie tout entière se serait rembarquée avec lui.

---

1. On met en doute ce quatrième voyage du navigateur de Saint-Malo, auquel Lescarbot seul paraît avoir fait attention, et qui depuis a été perdu de vue. Mais l'auteur précité dit positivement: «Le roi occupé à de grandes affaires qui pressaient la France pour lors, il n'y eut moyen d'envoyer nouveau rafraîchissement de vivres à ceux qui devaient avoir rendu le pays capable de les nourrir... et que le dit de Roberval fut mandé pour servir le roi par deça: *car je trouve pour le compte du dit Quartier qu'il employa huit mois* à l'aller quérir, après y avoir (Roberval) demeuré dix-sept mois.» *Histoire de la Nouvelle-France* par Lescarbot (1618). La relation de Roberval confirme cet historien en ce qui concerne la demande de vivres: «Roberval renvoya en France deux navires... afin de donner avis au roi, et revenir l'année suivante avec des victuailles et autres fournitures ainsi qu'il plairait au roi.»

Ainsi finit le premier essai de colonisation par la France dans l'Amérique septentrionale il y a plus de trois cents ans, si l'on excepte toutefois celui du baron de Léry. C'est la guerre avec Charles-Quint qui amena l'abandon du Cap-Rouge : premier exemple du funeste effet du système politique européen des Français pour leurs possessions d'outre-mer.

Le nom de Jacques Cartier, immortalisé par la découverte du Canada, disparaît de l'histoire après ce voyage. Rien n'indique néanmoins que ce navigateur cessât de ce moment d'avoir des rapports avec l'Amérique. Si l'on en croit les représentations que firent ses neveux près d'un demi siècle après, pour obtenir la continuation des privilèges accordés à leur oncle, l'on doit supposer qu'il fit encore longtemps la traite des pelleteries.

Cartier s'est distingué dans ses expéditions au Canada par son habileté et par son courage. Aucun navigateur n'avait encore osé de son temps, si rapproché de Colomb, pénétrer aussi loin que lui dans l'intérieur du Nouveau-Monde. En s'aventurant dans le climat rigoureux du Canada, où la terre est couverte de neige et les communications fluviales interrompues durant six mois de l'année ; en hivernant deux fois au milieu de peuplades barbares dont il pouvait avoir tout à craindre, il a donné une nouvelle preuve de l'intrépidité des marins de cette époque.

Avec lui commence la longue série de voyageurs qui ont découvert l'intérieur de l'Amérique du Nord. Le Saint-Laurent qu'il remonta jusqu'au Sault-Saint-Louis fut la grande voie qu'il indiqua aux Français et qui les conduisit successivement dans la vallée du Mississipi, dans le bassin de la baie d'Hudson, et jusque dans les immenses contrées que baigne la mer Pacifique.

Pour récompense de ses découvertes, il fut anobli, dit-on, par le roi de France[1]. Mais sa gloire la plus durable sera toujours celle d'avoir placé son nom à la tête des annales canadiennes, et ouvert la première page d'un nouveau livre dans la grande histoire du monde.

---

1. Recherches de M. Cunat sur Jacques Cartier, consignées dans une annexe au procès-verbal de la commission nommée par M. Hovius, chev. de la légion d'honneur, maire de Saint-Malo, pour recevoir et reconnaître les débris de la Petite-Hermine, le 13 décembre 1843 ; duquel procès-verbal copie est déposée dans les archives de la société littéraire et historique de Québec.

Chapitre III

Abandon temporaire du Canada 1543-1603

Roberval part pour l'Amérique après la guerre, et périt avec tous ceux qui l'accompagnent. — M. Villegagnon tente de fonder une colonie dans le Brésil ; la désunion des colons cause leur ruine. — Fondation de la Caroline dans la Floride. — Massacre des Français de cette colonie par les Espagnols, en pleine paix ; Catherine de Médicis, régente, néglige d'en demander satisfaction. — De Gourgues les venge. — Pendant longtemps on ne pense plus en France aux colonies. — Observations à cet égard. — Les troubles du royaume entravent la colonisation. — Progrès des pêcheries et du commerce des pelleteries. — Le marquis de la Roche veut fonder un établissement en Acadie ; il échoue. — 40 colons abandonnés dans l'île de Sable, périssent excepté 12 que le roi envoie chercher au bout de cinq ans. — De la Roche, ruiné par son entreprise, meurt de chagrin. — Obstacles qu'éprouvait alors la colonisation.

La guerre dura plusieurs années entre François I et l'Empereur Charles-Quint. Comme cela était déjà arrivé, et devait arriver encore, on oublia le Canada dans le tumulte des camps.

Enfin la paix étant rétablie, Roberval, dont la réputation de bravoure s'était encore accrue, travailla sans perdre de temps à former une nouvelle expédition pour retourner en Amérique. Il s'adjoignit à cet effet son frère, soldat très brave que le roi, bon juge en cette matière, avait surnommé le *Gendarme d'Hannibal.* Il fit voile en 1549, sous le règne de Henri II, et périt dans le voyage avec tous ses compagnons, sans qu'on ait jamais su comment était arrivé ce malheur, qui fit abandonner entièrement le Canada, et qui aurait eu probablement l'effet de dégoûter pour longtemps la France de ces hasardeuses entreprises, sans l'Amiral de Coligny, qui tourna l'attention vers d'autres climats.

En 1555, ce chef des Huguenots, un des génies les plus étendus, dit l'abbé Raynal, les plus fermes, les plus actifs qui aient jamais illustré ce puissant empire; grand politique, citoyen jusque dans les horreurs des guerres civiles, proposa à Henri II de former une colonie dans quelque partie du Nouveau-Monde, où ses sujets de la religion réformée pourraient se retirer pour exercer leur culte librement et en paix. Le roi approuva ce dessein. Heureux pour la France s'il eût été érigé en système et suivi fidèlement. Quelles sources de richesse et de puissance il lui eût assurées ! et combien il eût fait éviter peut-être de discordes civiles et de désastres ! Mais à cette époque de haineuses passions, l'on sacrifiait avec délices les plus chers intérêts du pays aux fureurs du fanatisme et aux appréhensions d'une tyrannie égoïste et soupçonneuse.

Nicolas Durant de Villegagnon, chevalier de Malte et vice-amiral de Bretagne, imbu des doctrines nouvelles, s'offrit pour conduire les colons dans le Brésil, contrée que sa température faisait préférer au Canada. Cet établissement échoua néanmoins. Villegagnon étant revenu au catholicisme, la désunion se mit parmi les Français et ils ne purent se maintenir dans le pays.

Cependant les dissensions religieuses allaient toujours croissantes en France. L'effroyable boucherie des Vaudois (1545) avait rempli les protestants d'une secrète terreur. La guerre civile allait se rallumer. Coligny songea encore plus sérieusement qu'auparavant à trouver un asile pour ses co-religionnaires, sur lesquels on avait recommencé à faire peser les rigueurs d'une sanglante persécution. Il profita d'une espèce de trêve, en 1562, pour intéresser la cour au plan d'établissement qu'il avait projeté pour eux dans la Floride. Charlevoix assure que, selon toutes les apparences, il ne découvrit pas ce dessein au roi ; et qu'il ne lui fit envisager son projet que comme une entreprise avantageuse à la France ; mais il est difficile de croire qu'il pût en imposer à la cour à cet égard. Charles IX n'ignorait point, et il fut fort aise en effet de voir que Coligny n'employait à cette expédition que des calvinistes, parce que c'étaient autant d'ennemis dont il purgeait l'État. Les catholiques firent bientôt néanmoins changer cette sage et prudente politique.

L'amiral fut laissé maître de toute l'entreprise. Il donna le commandement de l'expédition à Jean de Ribaut, de Dieppe, bon marin, lequel partit, en 1562, pour la Floride, et jeta les fondements d'un établissement qu'il nomma Charlesfort, dans une île de Port-Royal (Caroline du sud) au septentrion de la rivière Savannah. Deux ans plus tard, Laudonnière à qui le roi avait fait compter cinquante mille écus, arrivant avec de nouveaux colons, fit abandonner ce poste et élever un autre fort dans un endroit plus avantageux sur la rivière Alatamaha (Géorgie) à deux lieues de la mer.

Cette colonie nommée la Caroline, qui serait devenue un empire florissant si elle eût été suffisamment protégée [1], a fini par un événement tragique trop célèbre pour le passer sous silence. Trois ans après sa fondation, elle

---

1. Bancroft : — *History of the United States.*

fut attaquée par une flotte espagnole de six vaisseaux commandée par Don Pèdre Menendez. Philippe II ayant appris que les Français avaient fondé un établissement dans la Floride, qu'il prétendait appartenir à sa couronne, avait résolu de les en chasser, et cette flotte était envoyée pour exécuter la volonté du farouche monarque. Le fort des Français fut surpris, et tous ceux qui ne purent s'échapper, hommes, femmes et enfants, furent massacrés avec cette cruauté froide qui distingue les Espagnols. Les détails des actes de barbarie commis par eux font frémir d'horreur. Les prisonniers furent fusillés, ou pendus à un arbre, sur lequel on mit par dérision une inscription portant ces mots: *« Ceux-ci n'ont pas été traités de la sorte en qualité de Français, mais comme hérétiques et ennemis de Dieu. »* Presque tous les colons périrent dans cette catastrophe: quelques-uns seulement réussirent à se sauver avec leur chef, Laudonnière. Les vainqueurs gardèrent leur conquête, et s'y fortifièrent avec l'intention de rester dans le pays.

Lorsque la nouvelle de ce massacre arriva en France, elle y excita au plus haut point l'indignation publique. Tous les Français, de quelque religion qu'ils fussent, regardèrent cet acte comme une insulte à la nation, et brûlaient de la venger. Mais la cour fut d'une opinion contraire, et, en haine de Coligny et des Huguenots, Charles IX, ou plutôt Catherine de Médicis, car c'était elle qui gouvernait l'État, le roi n'ayant encore que 15 ans, fit semblant de ne pas s'apercevoir de cet affront. Le monarque oubliant ainsi son devoir, un simple individu prit entre ses mains la défense de l'honneur national et la vengeance de la France. Cet homme était le chevalier Dominique de Gourgues d'une famille distinguée de la Gascogne, et en outre bon catholique. C'était un officier de la plus grande distinction, et qui avait été éprouvé par des revers de fortune. Il soutint près de Sienne en Toscane, avec un détachement de 30 hommes, longtemps les efforts d'une partie de l'armée espagnole ; tous ses soldats ayant été tués, il fut fait prisonnier. La galère dans laquelle il était fut prise par les Turcs, et ensuite reprise par les chevaliers de Malte. Ce dernier événement l'ayant rendu à la liberté, il se mit à voyager, et visita toutes les parties du globe. Il devint l'un des marins les plus habiles et les plus hardis de son siècle. Vivement ému au récit du massacre des Français à la Caroline, il jura de les venger. Il vendit pour cela tout son bien, et arma trois navires montés par 80 matelots et 150 soldats, la plupart gentilshommes.

Rendu à l'île de Cuba, il assembla tous ses gens, et leur retraça sous les plus vives couleurs le tableau des cruautés inouïes que les Espagnols avaient exercées sur les Français de la Floride. « Voilà, ajouta-t-il, mes camarades, le crime de nos ennemis. Et quel serait le nôtre, si nous différions plus longtemps à tirer justice de l'affront qui a été fait à la nation française ? C'est ce qui m'a engagé à vendre mon bien ; c'est ce qui m'a ouvert la bourse de mes amis ; j'ai compté sur vous, je vous ai cru assez jaloux de la gloire de votre patrie pour lui sacrifier jusqu'à votre vie en une occasion de cette importance ; me suis-je trompé ? J'espère donner l'exemple, être partout à votre tête, prendre pour moi les plus grands périls ; refusez-vous de me suivre ? »

L'on répondit par des acclamations à cette allocution noble et chaleureuse ; et, dès que le temps le permit, l'on cingla vers la Floride. Les Sauvages étaient mal disposés contre les Espagnols. De Gourgues en profita et forma une ligue avec eux. Sans perdre de temps, il fit les dispositions nécessaires pour attaquer les ennemis, qui avaient ajouté deux forts à celui qu'ils avaient enlevé aux Français. On garda le plus grand secret pour ne pas leur donner l'éveil.

De Gourgues divisa ses troupes en deux colonnes pour l'attaque, et marcha, aidé des Sauvages, contre le premier fort. La garnison, qui était de soixante hommes, l'ayant abandonné, tomba entre les deux colonnes, et fut presque détruite au premier choc. Le second fort fut pris après quelque résistance de la part de ses défenseurs, qui dans leur fuite furent aussi cernés et taillés en pièces. Le troisième fort, la Caroline, était plus grand que les autres et renfermait deux cents hommes. Le commandant français ayant résolu de l'escalader, avait disposé des troupes autour de la place, lorsque les assiégés firent une sortie avec 80 arquebusiers, ce qui avança leur perte. On les attira par stratagème loin de leurs murailles, et on leur coupa la retraite. Assaillis de tous côtés, ils furent tous tués après avoir offert la plus vigoureuse résistance. Les soldats qui formaient le reste de la garnison, effrayés, voulurent se sauver dans les bois ; mais ils tombèrent aussi sous le fer des Français et des Indiens, excepté quelques-uns que l'on réserva pour une mort plus ignominieuse. On fit un butin considérable. Les prisonniers furent amenés au lieu où les Français avaient subi leur supplice, et où Menendez avait fait graver sur une pierre ces mots : *« Je ne fais ceci comme à des Français, mais comme à des Luthériens. »* De Gourgues leur fit des reproches sanglants sur leur cruauté et sur leur manque de foi, et ensuite les fit pendre à un arbre, sur lequel il fit mettre à la place de l'ancienne inscription, celle-ci écrite sur une planche de sapin : *« Je ne fais ceci comme à Espagnols ; mais comme à traîtres, voleurs et meurtriers. »*

Trop faibles pour garder le pays, les Français rasèrent les forts et mirent à la voile pour la France, où le peuple accueillit avec satisfaction la nouvelle du succès de leur entreprise, qui fut regardée comme un acte de justes représailles. Mais la reine-mère et la faction des Guises auraient sacrifié de Gourgues au ressentiment du roi d'Espagne, sans des amis, et le président de Marigny qui le cacha à Rouen. Sa conduite reçut hautement l'approbation des autres nations, et la reine d'Angleterre, Elizabeth, alla jusqu'à lui offrir un poste avantageux dans sa marine. Il remercia cette princesse de ses offres généreuses, le roi lui ayant rendu ses bonnes grâces.

Il se préparait à aller prendre le commandement de la flotte de don Antoine, qui disputait à Philippe II la couronne du Portugal, lorsqu'il mourut à Tours en 1567. Il emporta dans la tombe le regret général, et laissa auprès de lui la réputation d'un des meilleurs capitaines du siècle, aussi habile sur mer que sur terre.

La faiblesse de Catherine de Médicis dans cette affaire, sembla autoriser les bruits que les Espagnols faisaient courir pour atténuer l'odieux de leur conduite. Ils assuraient que Charles IX s'était entendu avec leur roi, son beau-frère, pour exterminer les Huguenots établis à la Floride. Quoiqu'il se soit refusé à demander satisfaction de cette horrible violation du droit des gens, et que d'autres actes de son règne ternissent encore beaucoup plus sa mémoire, il est impossible d'ajouter foi à de pareils rapports sans des témoignages clairs et précis qui les rendent indubitables.

En formant des établissements de protestants français dans le Nouveau-Monde, Coligny exécutait un projet patriotique, projet dont l'Angleterre sut ensuite profiter, et dont nous voyons aujourd'hui les immenses résultats. Il voulait ouvrir en Amérique à tous ceux qui s'étaient séparés de la religion établie du royaume, un asile, où, tout en formant partie du même empire, et en augmentant son étendue et sa puissance, ils pourraient jouir des avantages que possédaient les fidèles de l'ancienne religion dans la mère-patrie. Ce projet est vraiment une des plus belles et des plus nobles conceptions modernes ; et s'il n'a pas réussi, quoiqu'il eût d'abord l'appui du gouvernement, c'est parce que le parti catholique, qui eut toujours la principale influence sur le trône, s'y opposa sans cesse, tantôt sourdement, tantôt ouvertement. Il en fut ainsi surtout vers le temps où nous sommes arrivés. La longue période qui s'écoula depuis l'expédition de Roberval jusqu'à celle du marquis de la Roche en Acadie, en 1598, est entièrement remplie par la lutte avec l'Espagne et l'Empire, et par les longues et sanglantes guerres de religion rendues si tristement fameuses par le massacre de la Saint-Barthélemi, et que termina le traité de Vervins. Durant tout ce temps, l'attention des chefs de l'État fut absorbée par ces événements mémorables qui ébranlèrent la France jusqu'en ses fondements.

Ce ne fut qu'après cette triste époque, et lorsque Henri IV fut solidement établi sur le trône, que l'on revint aux desseins que l'on avait formés sur le Canada et les pays voisins, et auxquels on paraît en général avoir tenu jusque-là plus par esprit d'imitation et par fantaisie, que par ambition ou par intérêt bien entendu.

Mais tandis que le reste des Français travaillait à s'entre-détruire avec un acharnement qu'on a peine à concevoir aujourd'hui, pour des croyances dont ces massacres mêmes prouvaient que Dieu seul pouvait être le juge, et qui devront servir de salutaire exemple dans tous les temps aux peuples de ce continent, où il y a tant de religions diverses, les Normands, les Basques et les Bretons continuaient de faire la pêche de la morue et de la baleine, comme si leur pays eût joui de la plus grande tranquillité. Tous les jours ils agrandissaient le cercle de leur navigation. C'était à eux que l'on devait cette pêche qu'ils avaient créée à une époque reculée, et qui augmentait d'une manière si considérable l'industrie française. Ils l'avaient d'abord commencée sur le grand banc de Terreneuve ; ils l'étendirent graduellement sur les côtes voisines et dans le golfe et le fleuve Saint-Laurent. En 1578, cent cinquante navires français vinrent à Terreneuve. Un autre négoce non moins profitable qui s'était établi avec les Indigènes des côtes est celui des pelleteries, lequel se faisait avec une grande facilité et avec avantage pour la France. Les trafiquants de fourrures furent attirés à la recherche de cette marchandise, le long d'une grande partie des rivages de l'Amérique du nord, et dans les rivières qui tombent dans la mer. Ils remontaient le fleuve Saint-Laurent jusqu'au-dessus de Québec, côtoyaient les îles du golfe et des environs et les pays voisins. C'est à ce commerce enfin que sont dus en grande partie les premiers établissements que l'on va voir bientôt se former au Canada et dans l'Acadie.

Jacques Noël et Châton, neveux et héritiers de Cartier, avaient continué ses entreprises et s'étaient livrés au commerce des pelleteries qui rendait de grands bénéfices ; ils excitèrent à tel point la jalousie des autres traitants, que ceux-ci brûlèrent trois ou quatre de leurs pataches. Afin de ne plus être exposés aux mêmes attaques, ils sollicitèrent du roi le renouvellement des privilèges qui avaient été accordés à leur oncle, dans la vue de former une habitation dans la Nouvelle-France, avec le droit exclusif de commercer avec les Sauvages durant 12 ans, et d'exploiter les mines qu'ils avaient découvertes. En considération des services de leur oncle, des lettres-patentes leur furent accordées à cet effet en 1588. Cependant, dès que les marchands de Saint-Malo eurent appris ce qui venait de se passer, et l'existence du privilège qui les privait d'un négoce lucratif, ils se plaignirent hautement. Ils se pourvurent au conseil privé du roi, pour faire révoquer les lettres-patentes, et obtinrent un arrêt favorable à leur demande sans beaucoup de difficultés.

Dans l'année même du rétablissement de la paix (1598), le marquis de la Roche, de la province de Bretagne, se fit confirmer par le roi dans la charge de lieutenant-général du Canada, de l'Acadie et des pays adjacents, que lui avait accordée Henri III, et dont les troubles du royaume l'avaient probablement empêché de prendre possession. Ses pouvoirs avaient la même étendue que ceux de Roberval. Il était autorisé à prendre dans les ports de France, les navires, capitaines et matelots dont il pourrait avoir besoin ; à lever des troupes, faire la guerre et bâtir des villes dans les limites de sa vice-royauté ; à y promulguer des lois et les faire exécuter ; à concéder les terres aux gentilshommes, à titre de fiefs, seigneuries, baronnies, comtés, etc. Le commerce était laissé également sous son contrôle absolu.

Revêtu ainsi d'une autorité aussi despotique que vaine et imaginaire, il partit pour le Nouveau-Monde avec 60 hommes. Aucun marchand n'osa élever la voix contre le monopole accordé à ce seigneur, comme on l'avait fait contre les neveux de Cartier : son rang leur imposa silence.

Le marquis de la Roche, soit qu'il craignît la désertion de ses gens, composés de repris de justice, soit qu'il crût ce lieu plus à la main en attendant qu'il eût trouvé dans la terre ferme un territoire propre à son dessein, les déposa dans l'île de Sable. Cette île, en forme de croissant, étroite, aride et d'un aspect sauvage, ne porte ni arbres, ni fruits ; il n'y pousse qu'un peu d'herbe, et l'on n'y trouve qu'un lac d'eau douce au centre.

Après avoir ainsi débarqué ses colons sur cette terre désolée, entourée d'écueils battus par la mer, il passa en Acadie. En revenant, il fut surpris par une furieuse tempête qui le chassa en dix ou douze jours sur les côtes de France. Il n'eut pas plutôt mis pied à terre, qu'il se trouva enveloppé dans une foule de difficultés. Le duc de Mercœur, qui commandait en Bretagne, le garda aussi prisonnier quelque temps. Ce ne fut que cinq ans après, qu'il put raconter au roi qui se trouvait à Rouen, ce qui lui était arrivé dans son voyage. Le monarque, touché du sort des malheureux abandonnés dans l'île de Sable, ordonna au pilote qui y avait conduit le marquis de la Roche, d'aller les chercher. Il n'en trouva plus que douze sur quarante qui y avaient été débarqués.

Dès qu'ils avaient été livrés à eux-mêmes, ces hommes, accoutumés à donner libre cours à la fougue de leurs passions, n'avaient plus voulu reconnaître de maître. La discorde les avait armés bientôt les uns contre les autres, et plusieurs avaient péri dans des querelles qui empirèrent encore leur triste position. À la longue cependant la misère dompta leur caractère farouche, et ils prirent des habitudes plus paisibles, et que nécessitait d'ailleurs l'intérêt de leur conservation.

Ils se construisirent des huttes avec les débris d'un navire échoué sur les rochers de la plage, et vécurent pendant quelque temps de la chair des animaux que le baron de Léry y avait débarqués 80 ans auparavant, et qui s'y étaient propagés (Laët. — *Histoire de l'Amérique*). Ils en avaient aussi apprivoisé quelques-uns qui leur fournissaient des laitages; mais bientôt cette ressource leur manqua, et il ne leur resta plus que la pêche pour fournir à leur subsistance. Lorsque leurs habits furent usés, ils s'en firent des peaux de loup-marin. À leur retour, Henri IV voulant les voir dans le même état dans lequel on les avait trouvés, on les lui présenta avec les vêtements dont l'on vient de parler. Leur barbe et leurs cheveux, qui étaient d'une longueur démesurée et fort en désordre, donnaient un air rude et sauvage à leur visage. Le roi leur fit distribuer à chacun cinquante écus et leur permit de retourner dans leurs familles sans pouvoir être recherchés de la justice pour leurs anciennes offenses.

Cependant, le marquis de la Roche qui avait engagé sa fortune dans cette entreprise, la perdit toute entière par suite des malheurs qui ne cessèrent de l'accabler. Ruiné et sans espérance de pouvoir reprendre un projet qu'il avait toujours à cœur, le chagrin s'empara de lui et le conduisit lentement au tombeau. L'histoire des traverses et de l'infortune de cet homme et des colons qui le suivirent dans l'île de Sable, forme un épisode digne d'exercer la plume d'un romancier.

On a reproché à M. de la Roche plusieurs fautes. Sans nous arrêter à blâmer des plans qu'il n'a pas eu le temps de développer, nous devons dire que, comme victime de ses efforts pour la cause de la colonisation, il a laissé un nom qui sera toujours respecté en Amérique.

Plusieurs causes contribuaient à cette époque à ces insuccès. L'insubordination, et le choix d'hommes de guerre n'ayant d'autre expérience que celle de l'épée, pour conduire ces entreprises, sont parmi les principales. Dans toutes les tentatives faites jusqu'alors, ni règle, ni ensemble n'a été suivi; et toujours le manque de prévoyance l'a disputé à l'inconstance et à l'apathie des gouvernements ; aux divisions et à la faiblesse de moyens des individus. Au reste, les mutineries et les désordres étaient le mal des populations du temps, fruit sans doute des agitations sociales qui bouleversaient l'Europe depuis près d'un siècle.

La France n'est pas le seul pays qui ait eu de ces obstacles à vaincre. L'histoire des États-Unis nous apprend que l'Angleterre s'y prit plusieurs fois avant de pouvoir réussir à se fixer dans ce continent, d'une manière solide et durable. Sans parler de la première colonie qu'elle y envoya en 1579, et que les Espagnols, maîtres de la mer et jaloux des entreprises que les autres nations pouvaient faire dans le Nouveau-Monde, attaquèrent en route et forcèrent à rebrousser chemin (*Oldys. American Annals*), l'on sait que dès quatre ans après, le chevalier Humphrey Gilbert alla commencer un établissement dans l'île de Terreneuve, à Saint-Jean ; et que, malgré les espérances qu'on en conçut d'abord, l'indiscipline des colons amena une fin désastreuse ; que le célèbre Walter Raleigh, élève de Coligny, dont il avait contracté l'esprit de persévérance, voulant continuer les desseins de son beau-frère Gilbert, n'eut pas plus de succès à Rœnoke dans la Floride, et qu'au bout de trois ans l'amiral Drake fut obligé de ramener dans leur patrie les colons qu'il y avait débarqués [1] ; qu'en 1587 une autre plantation fut commencée dans la Virginie, dont tous les habitants moururent de misère, ou furent massacrés par les Indigènes ; qu'en 1602 encore l'on ne fut pas plus heureux dans un nouvel essai fait sur les côtes de la Nouvelle-Angleterre, qu'enfin, il en

1. R. Beverley : — *The History of Virginia.*

fut ainsi de plusieurs autres entreprises du même genre dans la suite, parmi lesquelles plusieurs cependant ont été plutôt des expéditions commerciales que des tentatives sérieuses d'établissement.

LIVRE PREMIER

ÉTABLISSEMENT PERMANENT DE LA NOUVELLE-FRANCE

Chapitre I

Acadie
(Nouvelle-Écosse)
1603-1613

Observations sur la civilisation de l'Europe à cette époque. — Importance des colonies pour la France. — M. Chauvin, à la suggestion de Pontgravé, se fait nommer lieutenant-général du Canada et de l'Acadie, et obtient le privilège exclusif d'y faire le commerce des pelleteries. — Il meurt. — Le commandeur de Chaste lui succède : il forme une société de commerce pour faciliter la colonisation. — Pontgravé et Champlain font un voyage en Canada. — Le Commandeur étant mort, M. de Monts, calviniste, est nommé lieutenant-général de cette contrée où l'on permet aux protestants de s'établir. — Expédition de M. de Monts en Acadie, province découverte par les Français. — De Monts et Champlain découvrent la baie de Fundy et les rivières Saint-Jean, Penobscot et Kénébec. Les colons débarquent à l'île Sainte-Croix. Champlain explore les côtes jusqu'à 20 lieues au sud du cap Cod. — De Monts, ou plutôt le baron de Poutrincourt fonde Port-Royal : il retourne en France. — Port-Royal concédé au baron de Poutrincourt. — Lescarbot. — Progrès de Port-Royal. — Retrait du privilège accordé à de Monts. — Dissolution de la société des pelleteries. — Abandon temporaire de Port-Royal. — Poutrincourt y retourne en 1610. — Il refuse d'y mener des Jésuites. — Assassinat de Henri IV. — La marquise de Guercheville achète les droits des associés de de Monts pour envoyer des Jésuites en Acadie. — Difficultés entre les colons et les Jésuites. — Mme de Guercheville les envoie fonder Saint-Sauveur sur la rivière Penobscot. — Les Anglais de la Virginie détruisent Saint-Sauveur et Port-Royal, en pleine paix. — Le gouvernement français ne s'intéresse point au sort de ces [illegible] qui n'étaient que des entreprises particulières.

Nous sommes enfin parvenus à l'époque à laquelle on peut fixer le commencement des succès permanents de la colonisation française. Bien des obstacles et bien des calamités en arrêteront encore le cours, paraîtront même l'interrompre ; mais ils ne cesseront pas d'être réels ; ils seront comme la lumière qui paraît et disparaît vacillante au souffle du vent ; elle brûle toujours quoiqu'elle semble quelquefois s'éteindre.

Cette époque correspond au règne de Henri IV, l'un des plus grands rois qu'ait eus la France, et à celui de son successeur, Louis XIII. La guerre civile avait fait place à la guerre étrangère ; et Richelieu achevait l'abaissement de la maison d'Autriche, et de la noblesse du royaume que les guerres de religion avaient divisée et affaiblie. Le caractère national s'était retrempé dans ces longues et sanglantes disputes ; son énergie s'était réveillée. Rendue à la paix, la France eut besoin de nouvelles carrières pour donner cours à son activité.

La marche de la civilisation ne s'était pas ralentie en Europe. La grande lutte religieuse où le principe protestant avait triomphé, avait donné, si je puis m'exprimer ainsi, plus de ressort et plus d'étendue à l'esprit humain, en agrandissant le champ de son expérience et en détruisant ses préjugés.

La France, l'Angleterre et les Provinces-Unies avaient pris un accroissement rapide de population, de richesse et de grandeur.

Henri IV police et fait fleurir son royaume, rétablit l'ordre dans les finances, réforme la justice, oblige les deux religions de vivre en paix ; encourage l'agriculture et le commerce, établit des manufactures de drap d'or et d'argent, de tapisseries, de glaces. C'est aussi sous lui que les vers à soie sont introduits en France et qu'on y creuse le canal de Briare.

Le commerce établissait déjà des communications entre tous les pays, mettait en regard leurs mœurs et leurs usages. L'imprimerie qui se propageait, en généralisant les connaissances, appelait les hommes de génie à éclairer leurs concitoyens prêts à recevoir l'impulsion qui leur serait donnée et à marcher dans la voie des progrès. Les classes moyennes ayant acquis par l'industrie de l'importance, de la liberté et des richesses, reprenaient le rang qu'elles doivent occuper dans la société dont elles sont la principale force. En repoussant du poste qu'elle occupait depuis des siècles cette noblesse guerrière qui ne s'était distinguée que par la destruction et l'effusion du sang, elles allaient introduire dans l'État des principes plus favorables à sa puissance et à la liberté des peuples. « Tout progrès, en effet, dit Lamennais, se résout dans l'extension de la liberté, car le progrès ne peut être conçu que comme un développement plus libre ou plus complet des puissances propres des êtres. Or, dans l'ordre social, nulle liberté sans propriété : elle seule affranchit pleinement l'homme de toute dépendance. »

La découverte du Nouveau-Monde avait activé ce grand mouvement. Les nations s'étaient mises à coloniser, les unes pour se débarrasser de sectaires remuants, d'autres pour ouvrir un champ aux travaux des prédicateurs chrétiens, toutes pour se créer des sources de richesse et de puissance. La France s'est surtout distinguée par ses efforts pour convertir les infidèles, et l'on peut dire à l'honneur de sa foi, qu'aucun autre peuple n'a tant fait pour cette cause toute de sainteté et de philanthropie. C'est par cela probablement que l'on peut expliquer l'estime que toutes les nations indiennes ont eue dans tous les temps pour elle sur tous les autres peuples.

Cette conduite de la France, envisagée sous le rapport politique, ne mérite pas les mêmes louanges, surtout à cause de la pernicieuse influence qu'elle exerça sur la police des colonies. En Canada, par exemple, de peur de scandaliser les Sauvages par le spectacle de plusieurs religions, l'on persuada au gouvernement de n'y laisser passer que des émigrants catholiques. Ainsi le catholicisme forcé de laisser subsister la religion protestante à côté de lui dans la métropole, eut encore assez de force cependant pour le faire exclure dans les plantations d'outre-mer, exclusion qui annonce déjà l'arrière-pensée qui devait se manifester plus tard par la révocation de l'édit de Nantes, et qui devait aussi altérer le système de gouvernement intérieur adopté par Henri IV et Sully. Les tendances libérales et quelque peu républicaines des Huguenots, les rendirent d'ailleurs redoutables à la cour, qui voyait d'un tout autre œil la soumission des catholiques et du haut clergé aussi hostile pour le moins que le pouvoir royal aux libertés populaires.

Tel était l'état de l'Europe et particulièrement celui de la France, lorsque s'ouvrit le dix-septième siècle.

Le commerce de pelleteries et la pêche de la morue prenant de jour en jour plus de développement, il devenait aussi d'une grande importance pour cette nation de s'assurer de la possession des pays où se faisaient ces deux négoces si avantageux pour sa marine. D'ailleurs le système colonial de l'Espagne s'agrandissait rapidement; l'Angleterre persistait à s'établir dans la Floride en dépit de ses échecs. Elle ne pouvait donc rester tranquille en Europe pendant que ses ennemis ou ses rivaux cherchaient à se fortifier en Amérique. Elle se mit aussi en frais plus sérieusement qu'elle ne l'avait fait jusque-là, d'y avoir au moins un pied à terre. Mais les premiers hommes à qui elle confia cette tâche après la mort du marquis de la Roche, en firent simplement un objet de spéculation.

Pontgravé, l'un des principaux négociants de Saint-Malo, forma le vaste projet d'accaparer la traite des fourrures en Canada et en Acadie. Pour le réaliser, il jeta les yeux sur un capitaine de vaisseau nommé Chauvin, qui avait des amis puissants à la cour, et qui se recommandait en outre par les services qu'il avait rendus au roi dans les dernières guerres. Cet officier obtint facilement les pouvoirs qui avaient été accordés à la Roche. Mais il mourut après avoir débarqué à Tadoussac une douzaine de colons qui seraient morts de faim dans l'hiver sans les Sauvages qui les recueillirent dans leurs cabanes.

Le commandeur de Chaste, gouverneur de Dieppe, succéda à ses privilèges. Il paraît que le commerce n'était pour lui qu'un objet secondaire; mais Pontgravé, qui n'entrait dans ces entreprises que pour s'enrichir, lui démontra la nécessité de la traite pour subvenir aux dépenses de premier établissement toujours si considérables. Le nouveau gouverneur forma, à sa suggestion, une société dans laquelle entrèrent plusieurs personnes de qualité et les principaux marchands de Rouen.

Sur ces entrefaites, Samuel de Champlain, capitaine de vaisseau, officier distingué, nouvellement arrivé des Indes occidentales, se trouva à la cour où Henri IV le retenait près de lui. À la demande du commandeur, il voulut bien accompagner l'expédition qu'on envoyait en Canada.

La petite flotte qui consistait en barques de douze à quinze tonneaux seulement, fit voile en 1603. Champlain remonta le Saint-Laurent avec Pontgravé jusqu'au Sault-Saint-Louis, et de retour en France, il montra au roi la carte et la relation de son voyage. Henri en fut si content qu'il promit de favoriser l'entreprise de tout son pouvoir; et le commandeur étant mort pendant ce temps-là, il donna sur le champ sa commission à Pierre Dugua, sieur de Monts, de la Province de Saintonge, gentilhomme ordinaire de sa chambre et gouverneur de Pons, avec le privilège exclusif de faire la traite depuis le cap de Raze en Terreneuve, jusqu'au 50e degré de latitude nord. Les Huguenots eurent la liberté de professer leur religion dans les colonies qu'on établirait tout comme en France; mais les Indigènes devaient être instruits dans la foi catholique.

On attendait beaucoup des talents et de l'expérience de M. de Monts, qui avait toujours montré un grand zèle pour la gloire de son pays.

La société formée par son prédécesseur fut continuée et même augmentée par l'adjonction de plusieurs marchands de la Rochelle et d'autres villes du royaume. Cet accroissement permit de faire un armement plus considérable qu'à l'ordinaire. Quatre vaisseaux furent donc équipés, dont un pour faire la traite à Tadoussac; un autre pour visiter les côtes maritimes de la Nouvelle-France et saisir les bâtiments qui trafiqueraient avec les Sauvages en contravention à la défense du roi; et les deux derniers pour transporter les colons et chercher un lieu propre à leur établissement. Nombre de gentilshommes et d'hommes de métier s'embarquèrent sur ces navires avec quelques soldats.

On a déjà pu remarquer avec quelle ardeur les jeunes gens de famille noble se jetaient dans ces entreprises. Cartier et Roberval furent accompagnés par des gentilshommes dans tous leurs voyages. L'esprit inquiet et aventureux qui a distingué à un si haut degré la noblesse française du moyen âge, alors la première du monde, et dont les exploits depuis les bords brumeux d'Albion jusqu'aux rochers arides du Jourdain, formeraient un livre si intéressant et si dramatique, cet esprit, disons-nous, semblait chercher en Amérique un nouvel élément à son activité, et l'occasion de se soustraire à la sujétion que la politique du souverain faisait peser de plus en plus sur cette caste, dont l'ambition et l'indépendance avaient été pendant si longtemps pour la royauté un objet de souci et de crainte.

Champlain s'embarqua de nouveau avec le baron Jean de Poutrincourt pour l'Amérique, où ce dernier avait dessein de s'établir avec sa famille. Partis en mars 1604, du Havre-de-Grâce, les vaisseaux chargés d'émigrants des deux religions avec leurs prêtres et leurs ministres se dirigèrent vers l'Acadie, dont de Monts préférait le climat à celui du Canada, qu'il trouvait trop rigoureux.

L'Acadie, à peine connue, n'était fréquentée que par les traitants. C'était le plus beau pays de la Nouvelle-France du côté de l'Océan; il y a plusieurs ports excellents, où l'on entre, et d'où l'on sort par tous les vents, et le climat y est tempéré et fort sain. Le long de la mer le sol est rocheux et aride; mais dans l'intérieur il est de la plus grande fertilité, et l'on y a découvert des mines de cuivre, de fer, de charbon et de gypse. Le poisson de toute espèce abondait sur les côtes, comme la morue, le saumon, le maquereau, le hareng, la sardine, l'alose, etc. Le loup-marin, la vache-marine, ou phoque, et la baleine y étaient aussi en grande quantité. Les Micmacs, ou Souriquois, qui habitaient cette contrée quoique très braves avaient des mœurs fort douces, et ils accueillirent les Français avec beaucoup de bienveillance.

Outre l'avantage du climat et de la pêche, l'Acadie possède encore sur le Canada celui d'une situation plus heureuse pour le commerce maritime ; la navigation y est ouverte dans toutes les saisons. Tout contribuait donc à justifier le choix de cette contrée.

On fit terre d'abord dans un port de l'Acadie qui fut nommé de Rossignol, aujourd'hui *Liverpool*. De là l'on côtoya toute la presqu'île acadienne jusque dans le fond de la baie de Fundy appelée par de Monts la baie Française.

L'on entra, chemin faisant, dans un bassin spacieux, entouré de collines d'où coulaient plusieurs rivières. Le baron de Poutrincourt, enchanté de la beauté de ce port et des terres qui l'environnent, en obtint la concession, et le nomma Port-Royal. Il devint et demeura le chef-lieu de l'Acadie durant toute la durée de la domination française.

L'on descendit ensuite vers le sud en longeant les côtes du Nouveau-Brunswick, où Champlain qui avait pris les devants, découvrit la rivière Saint-Jean et lui donna ce nom qu'elle conserve encore. À une vingtaine de lieues de là, l'on atteignit l'île de Sainte-Croix (maintenant *Boon* ou *Doceas Island*) dans l'embouchure d'une grosse rivière (Sainte-Croix ou Schoodie) où M. de Monts résolut de placer sa colonie, la saison commençant à être avancée. Cette petite île était facile à défendre, et le sol, comme celui du pays environnant, paraissait d'une grande fertilité.

Les Indigènes furent enchantés des manières des Français et de la douceur de leurs mœurs. M. de Monts surtout captiva tellement leur confiance qu'ils le choisissaient pour juge des différends qui s'élevaient entre eux, et se soumettaient volontiers à ses décisions.

Cependant l'hiver fit bientôt apercevoir les inconvénients du poste qu'on avait choisi. L'on se trouva sans eau et sans bois dans l'île, et ce n'était qu'avec des peines infinies qu'on pouvait s'en procurer de la terre ferme. Le scorbut, dont trente six personnes moururent, vint encore aggraver la situation des Français. L'on résolut dès lors d'aller s'établir ailleurs dès que la belle saison serait venue.

Après avoir exploré les côtes jusqu'au cap Cod (dans l'État du Massachusetts), et que Champlain qui avait poussé en chaloupe jusqu'à une vingtaine de lieues au delà, appelle cap Mallebarre, de Monts ne trouvant point de localité qui réunît tous les avantages qu'il désirait, songea à retourner en Acadie.

Sur ces entrefaites, Pontgravé arriva d'Europe avec 10 nouveaux colons. Ce secours, venu fort à propos, releva tous les courages que les fatigues de l'hiver écoulé, et surtout les ravages du scorbut avaient très abattus. La colonie se transporta à Port-Royal sur la rivière de l'Équille, où l'on jeta les fondements (1604) de la ville qu'on appelle maintenant Annapolis.

Dans l'automne M. de Monts étant passé en France, trouva les esprits prévenus contre son entreprise, par suite des bruits que les gens intéressés à la traite de la pelleterie, et que son privilège avait privés de ce négoce, faisaient courir contre le climat de l'Acadie et l'utilité de ces établissements dispendieux. Il craignit un moment de voir sa société se dissoudre ; mais le baron de Poutrincourt, repassé en Europe, vint à son aide, et se chargea du gouvernement de la colonie naissante pour laquelle il partit sans délai. Il était temps qu'il arrivât en Amérique, car les colons, se croyant délaissés, s'étaient déjà embarqués pour repasser dans leur pays natal.

Celui qui rendit alors les plus grands services à Port-Royal, fut le célèbre Lescarbot, homme très instruit et le premier qui indiqua les vrais moyens de donner à un établissement de ce genre une base durable. Il représenta que la culture de la terre était la seule garantie de succès ; qu'il fallait s'y attacher particulièrement, et donna lui-même l'exemple aux colons. Il animait les uns, dit un auteur, il piquait les autres d'honneur, il se faisait aimer de tous, et ne s'épargnait lui-même en rien. Il inventait tous les jours quelque chose de nouveau pour l'utilité publique, et jamais l'on ne comprit mieux de quelle ressource peut être dans un nouvel établissement un esprit cultivé par l'étude, que le zèle de l'État engage à se servir de ses connaissances et de ses réflexions. C'est à lui que nous sommes redevables des meilleurs mémoires que nous ayons de ce qui s'est passé sous ses yeux, et d'une histoire de la Floride française. L'on y voit un auteur exact et judicieux, un homme qui a des vues, et qui eût été aussi capable d'établir une colonie que d'en écrire l'histoire.

Une activité aussi intelligente porta bientôt ses fruits. L'on fabriqua du charbon de bois ; des chemins furent ouverts dans la forêt ; un moulin à farine, mû par l'eau, fut construit sur la rivière et épargna beaucoup de fatigues aux colons qui avaient été jusque-là obligés de moudre leur blé à bras, opération des plus pénibles ; l'on fit des briques et un fourneau dans lequel on monta un alambic pour clarifier la gomme de sapin et en faire du goudron. Les Indiens étaient tout étonnés de voir naître tant d'inventions qui étaient des merveilles pour eux. Ils s'écriaient dans leur admiration : « Que les Normands savent beaucoup de choses ! » C'est ainsi qu'ils appelaient les Français, parce que la plupart des pêcheurs qui fréquentaient leurs côtes étaient de cette partie de la nation.

Mais tandis que les amis de l'établissement se félicitaient du succès qui avait enfin couronné trois ans de pénibles efforts, deux accidents vinrent détruire de si belles espérances. Toutes les pelleteries de la société acquises dans une année de trafic, furent enlevées par les Hollandais conduits par un transfuge; ce qui lui causa une perte à peine réparable. Et dans le même temps, les marchands de Saint-Malo, obtinrent la révocation du privilège exclusif de la traite accordé à M. de Monts, son chef, qui ne reçut en retour qu'une indemnité imaginaire.

Ces deux événements, arrivés coup sur coup, amenèrent la dissolution de la société. Les lettres qui contenaient ces nouvelles furent lues publiquement à Port-Royal, où elles causèrent un deuil universel. L'on abandonnait en effet l'entreprise au moment où le succès paraissait assuré, car dès l'année suivante la colonie aurait pu suffire à ses besoins.

Poutrincourt s'était fait chérir des Indigènes. Ils versèrent des larmes en le reconduisant sur le rivage, larmes qui font le plus bel éloge de sa conduite et de son humanité. Tel était leur respect pour les Français qu'ils ne dérangèrent rien dans les habitations qu'ils avaient abandonnées; et que, quand ils revinrent trois ans après, ils trouvèrent le fort et les maisons dans l'état dans lequel ils les avait laissés, les meubles étant encore à leur place. C'est en 1607 que Port-Royal fut ainsi abandonné.

Mais Poutrincourt était parti avec la résolution de revenir, s'il pouvait trouver quelque citoyen riche pour s'associer à son entreprise, de Monts s'en étant retiré tout-à-fait. Des personnes de qualité l'amusèrent d'abord pendant deux ans de leurs vaines promesses. Voyant que ces négociations n'avaient aucun résultat, il tourna les yeux ailleurs, et forma enfin un traité avec deux riches négociants de Dieppe, nommés Dujardin et Duquêne. Le cœur plein de joie, il remit à la voile pour l'Acadie (1610) avec bon nombre d'artisans et de personnes appartenant aux classes les plus respectables.

Dans la même année fut assassiné Henri IV. Cette calamité nationale eut encore des suites plus funestes pour la lointaine et faible colonie de la baie Française, que pour le reste du royaume. L'intrigue et la violence qui firent place, sous Marie de Médicis et son ministre Concini, à la politique conciliante du feu roi, vinrent troubler jusqu'aux humbles cabanes de Port-Royal, où elles jetèrent la confusion, et dont elles causèrent la ruine plus tard.

Dès que le ministre italien fut au pouvoir, les Jésuites eurent assez d'influence pour forcer le baron de Poutrincourt de les recevoir dans son établissement en qualité de missionnaires. Ses associés qui étaient huguenots, ou qui avaient des préjugés contre ces religieux, qu'ils regardaient comme les auteurs de la ligue et de l'assassinat de Henri, préférèrent se retirer de la société que d'y rester si l'on persistait à les admettre dans la colonie. Ils y furent remplacés sur le champ par la marquise de Guercheville qui s'était déclarée la protectrice des missions de l'Amérique : c'était tout ce que l'on demandait. La marquise acheta en outre les droits que de Monts avait sur toute l'Acadie, et qu'elle se promettait de faire revivre. Poutrincourt se trouva complètement à sa merci. Son fils signa un arrangement avec elle, par lequel la subsistance des missionnaires devait être prise sur le produit de la pêche et du commerce des pelleteries.

Cette dame qui ne faisait rien sans l'avis des Jésuites, les fit entrer encore dans le partage des profits de la traite, ôtant ainsi, selon Lescarbot, à ceux qui auraient eu la volonté d'aider à l'entreprise, le moyen d'y prendre part. « S'il fallait donner quelque chose, continue ce judicieux écrivain, c'était à Poutrincourt, et non au Jésuite qui ne peut subsister sans lui. Je veux dire qu'il fallait premièrement aider à établir la république, sans laquelle l'Église ne peut être, d'autant que, comme disait un ancien évêque, l'Église est en la république, et non la république en l'Église. »

Les profits que rendaient les pelleteries se trouvèrent ainsi en partie absorbés pour le soutien des missions au détriment de Port-Royal. Les protestants et les catholiques partisans de la politique de Sully, composaient ce qu'il y avait de plus industrieux en France, et étaient par cela même plus favorables aux améliorations que leurs adversaires, auxquels ils durent cependant céder le pas dans les plantations comme ailleurs, depuis l'avènement de Marie de Médicis aux affaires. L'intérêt du pays fut ainsi sacrifié à la dévotion sublime, mais outrée du 17e siècle.

Les dissensions ne tardèrent pas à éclater en Acadie. Les Jésuites, agissant au nom de celle qui les y avait envoyés et maintenus, firent saisir les vaisseaux de Poutrincourt ; il s'en suivit des emprisonnements et des procès qui le ruinèrent, et réduisirent les habitants de Port-Royal auxquels il ne put envoyer des provisions, à vivre de glands et de racines durant tout un hiver.

La marquise de Guercheville se retira alors de la société, et avisa aux moyens d'établir les Jésuites ailleurs. Champlain fit tout ce qu'il put pour l'engager à se lier avec de Monts ; mais elle refusa constamment de s'associer avec un calviniste. Au reste les Jésuites espéraient peut-être former en Acadie un établissement semblable à celui qu'ils avaient déjà dans le Paraguay, et qui fût entièrement sous leur contrôle ; mais leur tentative eut les suites les plus funestes.

Leur protectrice fit armer à ses frais un vaisseau à Harfleur, dépense à laquelle la reine-mère voulut bien contribuer ; et de la Saussaye, un de ses favoris, fut choisi pour le commander. Il alla prendre les Jésuites de Port-Royal et continua sa route vers le Mont-Désert, où il entra dans la rivière Penobscot (Pentagoët), que le P. Biart avait explorée l'année précédente, et commença sur la rive gauche un établissement qu'il nomma Saint-Sauveur (1613).

Tout marcha d'abord comme on pouvait le désirer ; et l'on se flattait déjà d'un succès qui dépasserait toutes les espérances, lorsqu'un orage, parti du côté d'où l'on devait le moins l'attendre, vint fondre sur la nouvelle colonie et l'étouffer dans son berceau. Voici ce qui donna lieu à cet événement.

L'Angleterre réclamait le pays jusqu'au 45e degré de latitude septentrionale, c'est-à-dire une grande portion de l'Acadie. La France, au contraire, prétendait descendre vers le sud jusqu'au 40e degré. Il résultait de ce conflit que, tandis que la Saussaye se croyait dans les limites de la Nouvelle-France à Saint-Sauveur, les Anglais l'y regardèrent comme empiétant sur leur territoire.

Aussi le capitaine Argall de la Virginie, n'eut-il pas été plutôt informé de son apparition sur la rivière Penobscot, qu'il résolut d'aller le déloger. L'espoir d'y faire un riche butin fut néanmoins pour beaucoup dans cet accès de patriotisme.

Il parut devant Saint-Sauveur avec un vaisseau de 14 canons, et jeta la terreur dans la place qui était sans défense, et qui le prit d'abord pour un corsaire. Le P. Gilbert du Thet voulut opposer de la résistance avec quelques habitants et fut tué. Argall s'empara alors de l'établissement et le livra au pillage, donnant lui-même le premier l'exemple.

Pour légitimer cet acte de piraterie, il déroba la commission que la Saussaye tenait du roi de France, et feignit de le regarder, lui et les siens, comme des gens sans aveu ; il se radoucit cependant lorsqu'il eut pris tout ce qu'il avait trouvé à sa guise, et rendit les prisonniers à la liberté, en proposant à ceux qui avaient des métiers de le suivre à Jamestown, d'où, après y avoir travaillé un an, on les transporterait dans leur patrie. Une douzaine acceptèrent cette offre. Les autres avec la Saussaye et le P. Masse, préférèrent se risquer sur une frêle embarcation pour atteindre la Hève, où ils trouvèrent un bâtiment de Saint-Malo qui les ramena en France.

Ceux qui s'étaient fiés à la parole d'Argall, furent bien surpris en arrivant à Jamestown de se voir jeter en prison et traiter comme des pirates. Ils réclamèrent vainement l'exécution du traité conclu avec lui, et furent condamnés à mort. Celui-ci qui n'avait pas songé que la soustraction de la commission de la Saussaye finirait d'une manière aussi tragique, et ne voulant point prendre sur lui la responsabilité de l'exécution des condamnés, la remit au gouverneur, le chevalier Thomas Dale, et avoua tout.

Ce document et les renseignements puisés dans le cours de l'affaire, engagèrent le gouvernement de la Virginie à chasser les Français de tous les points qu'ils occupaient au sud de la ligne 45. En conséquence, une escadre de trois vaisseaux sous les ordres du même Argall, fut chargée d'aller exécuter cette résolution. Les prisonniers de Saint-Sauveur y furent embarqués, et entre autres le P. Biart, qu'on accuse avec trop de précipitation sans doute d'avoir servi de pilote aux ennemis à Port-Royal, en haine de Biencourt, qui en était gouverneur, et avec lequel il avait eu des difficultés en Acadie.

La flotte alla ruiner d'abord tout ce qui restait de

l'ancienne habitation de Sainte-Croix, vengeance inutile puisqu'elle était abandonnée depuis plusieurs années ; elle cingla ensuite vers Port-Royal, où elle ne trouva personne en arrivant, tout le monde étant aux champs à deux lieues de là. En moins de deux heures toutes les maisons et le fort furent réduits en cendre. Alors le P. Biart voulut vainement persuader aux habitants, attirés par la fumée et les flammes qui dévoraient leurs asiles, de se retirer avec les Anglais ; que leur chef était ruiné et ne pourrait plus les soutenir ; ils repoussèrent cet avis avec mépris, et l'un d'eux leva même une hache sur ce Jésuite et menaça de le tuer, en l'accusant d'être la cause de leurs malheurs.

Après la destruction de Port-Royal, une partie des habitants se dispersa dans les bois ou se mêla avec les naturels ; une autre gagna l'établissement que Champlain avait fondé sur le fleuve Saint-Laurent. Ce désastre acheva d'épuiser les ressources du baron de Poutrincourt, qui, l'amertume dans l'âme et n'ayant plus aucune espérance, abandonna pour jamais l'Amérique.

De retour en France il prit du service, et dans les troubles qui survinrent à l'occasion du mariage du roi, il fut chargé de s'emparer de Méri-sur-Seine et de Château-Thierri. Il fut tué au siège de la première ville qui fut prise, et son corps fut enterré à Saint-Just en Champagne. On peut le regarder à juste titre comme le véritable fondateur de Port-Royal ou Annapolis. Sa persévérance assura le succès de l'établissement de l'Acadie ; car la destruction de Port-Royal n'amena pas l'abandon de cette province, qui continua d'être occupée par la plupart des anciens colons, auxquels vinrent bientôt se joindre de nombreux aventuriers.

Le gouvernement français, qui n'avait pris aucun intérêt direct à cette colonie, n'eut même pas l'idée de venger les actes de piraterie d'Argall. La cour de la régente, livrée aux cabales et aux factions des grands qui finirent par se soulever, et mirent la monarchie sur le bord de l'abîme [1], avait d'ailleurs bien autre chose à faire qu'à prendre en main la cause des pauvres planteurs de l'Acadie. Poutrincourt n'avait pas assez d'influence auprès de Marie de Médicis pour espérer qu'elle se chargeât de la défense de ses intérêts, et il ne fit aucune démarche auprès d'elle. Il se contenta d'adresser des plaintes inutiles contre le P. Biart à l'amirauté de Guyenne.

La marquise de Guercheville envoya la Saussaye à Londres pour y demander réparation des dommages qu'on lui avait faits contre le droit des gens ; elle fut indemnisée d'une partie de ses pertes par l'appui qu'elle reçut sans doute de la part de l'ambassadeur de France. Elle reconnut alors, mais trop tard, la faute qu'elle avait faite de ne pas suivre l'avis de Champlain qui la rejette indirectement sur le P. Cotton, confesseur de Louis XIII. Mais y aurait-il eu bien de la sûreté, répète-t-on, à confier à un calviniste la direction d'un établissement dont le principal objet était de répandre la foi catholique parmi les tribus de la Nouvelle-France ? Ce que l'on peut répondre à cela, c'est qu'il est bien fâcheux que l'intérêt des colonies et celui de la religion, n'aient pas toujours été identiques.

Malgré la nullité de ses résultats aujourd'hui, l'on ne peut s'empêcher cependant d'admirer un enthousiasme religieux comme celui qui animait madame de Guerche-

---

1. « L'ambassadeur d'Espagne voyant ce déchaînement presque général écrivait à son roi de profiter de cette circonstance pour démembrer la France, au lieu de lui procurer, par le mariage de sa fille, une tranquillité dont la monarchie espagnole pourrait souffrir. » — Anquetil.

ville, et qui la portait à sacrifier une partie de sa fortune pour la conversion des infidèles. Mais en lui rendant toute la justice qui lui est due pour un dévouement qui doit paraître sublime dans ce siècle de froid calcul, et d'égoïste avidité, l'on peut se demander pourquoi est-il resté sans fruit, et ultérieurement sans avantage pour la France. Il est vrai qu'à cette époque l'expérience n'avait pas encore appris que l'intérêt religieux même exigeait impérieusement que tout fût sacrifié à l'avancement et à la consolidation des colonies ; car celles-ci tombant, la ruine des missions devait en être la suite, ou du moins leur succès devenait fort problématique.

Chapitre II

Canada
1608-1628

M. de Monts abandonne l'Acadie pour le Canada. — Fondation de Québec. — Conspiration contre Champlain punie. — Alliance avec les Algonquins et leurs alliés. — 1re expédition contre les Iroquois. — 2de expédition contre les mêmes. — De Monts se retire des affaires du Canada. — Le comte de Soissons le remplace comme lieutenant-général. — Il meurt. — Le prince de Condé lui succède. — Champlain forme une société qui obtient le privilège exclusif de la traite des pelleteries. — Opposition que ce privilège fait naître. — Le prince de Condé vend sa lieutenance générale au duc de Montmorenci. — Traité de Champlain avec les Hurons. — Il explore la rivière des Outaouais, et découvre le lac Ontario et le lac Nipissing. — 3me expédition contre les Iroquois. — Paix entre les Algonquins et leurs alliés et les cinq cantons. — Le duc de Ventadour lieutenant-général de la Nouvelle-France. — Arrivée des Jésuites en Canada. — Champlain passe deux ans en France. — Richelieu dissout la compagnie du Canada, et forme celle dite des cent associés.

Nous avons vu dans le chapitre précédent que M. de Monts avait abandonné l'Acadie, après le retrait de son privilège exclusif de la traite en 1607. Il tourna alors entièrement ses regards du côté du Canada, où deux motifs le firent persister dans son entreprise : l'augmentation des possessions françaises, et l'espoir de pénétrer quelque jour par le Saint-Laurent jusqu'à la mer occidentale, et de là à la Chine. Le passage au grand Océan par le Nord-Ouest, est un problème dont on cherche la solution depuis Colomb, et qui n'a été résolu que de nos jours.

Ayant obtenu du roi le renouvellement de son privilège pour un an, afin de s'indemniser de ses dépenses, il nomma Champlain pour son lieutenant ; et arma en 1608, avec ses associés, deux navires, dont l'un pour trafiquer à Tadoussac, et l'autre pour porter les colons qui devaient commencer l'établissement qu'il avait projeté dans le Saint-Laurent.

Champlain arriva à Québec le 3 juillet, et débarqua sur une pointe qu'occupe aujourd'hui la Basse-Ville. La nature avait formé l'île de terre qu'entourent le fleuve Saint-Laurent et les rivières du Cap-Rouge et Saint-Charles, pour être le berceau de la colonie ; et en effet depuis Cartier les avantages de cette situation frappaient tous ceux qui remontaient le fleuve. Il y fit élever une habitation fortifiée et spacieuse, et tout le monde fut mis à défricher la terre, ou employé à d'autres travaux. Ainsi le bruit et le mouvement remplacèrent le silence qui avait régné jusque-là sur cette plage déserte et solitaire, et annoncèrent aux Sauvages l'activité européenne, et la naissance d'une ville qui devait devenir l'une des plus fameuses du Nouveau-Monde.

L'étymologie du nom de Québec a été, comme celle du nom du Canada, un objet de discussion parmi les savants. Malheureusement pour les amateurs d'origines romanesques ou singulières, nous sommes forcé bien malgré nous de détruire encore ici une de leurs illusions. Québec ne doit le nom qu'il porte, ni au cri d'admiration d'un Normand enthousiasmé, ni à la piété patriotique d'un colon transportant soigneusement avec lui une appellation propre à réveiller dans son cœur les souvenirs de son pays natal. Champlain nous dit positivement qu'il débarqua dans un lieu que les Indigènes nommaient Québec, mot sauvage qui signifie *détroit*, et qui désigne en effet le rétrécissement du Saint-Laurent sur ce point de son cours, où (au Cap-Rouge) il n'a pas plus de 900 verges de largeur[1].

À peine pouvait-on dire que la colonie existât, qu'une conspiration faillit de la détruire de fond en comble. La discipline sévère maintenue par son chef, servit de prétexte à un serrurier normand, nommé Jean Duval, pour se défaire de lui. Cet homme, d'un caractère déterminé, qui avait été blessé dans la guerre avec les Sauvages de la Nouvelle-Angleterre pendant son séjour en Acadie, entraîna plusieurs personnes dans son complot. Les conjurés, après avoir fait périr le gouverneur, soit en l'étranglant dans son lit, soit en le tuant à coup d'arquebuse si le premier moyen ne réussissait pas, devaient piller les magasins et se retirer en Espagne avec leurs dépouilles. Quatre jours avant l'exécution du projet, un d'entre eux, tourmenté de remords, vint tout avouer et nomma ceux de

---

1. Le mot Québec prononcé *Ouabec* dans la langue algonquine, dit M. Sta.-Vassal, signifie détroit. Ce Monsieur, né d'une mère abénaquise et qui parle plusieurs dialectes des Indigènes au milieu desquels il a passé la plus grande partie de sa vie, m'assure que ce mot est purement sauvage.

M. Malo, missionnaire en 1842 chez les tribus du golfe Saint-Laurent, et dont j'ai eu le plaisir de faire la connaissance en descendant du Haut-Canada, m'assure pareillement que le mot *Kibec* dans l'idiome Micmac a la même signification. Ce M. qui voudra me pardonner d'avoir fait usage de son nom, n'a aucun doute que celui de notre ancienne capitale est d'origine indienne.

ses complices qui lui étaient connus. Quatre des principaux furent arrêtés sur le champ ; et dans l'ignorance où l'on était de l'étendue des ramifications, on les envoya à Tadoussac afin de rompre entièrement la trame, et d'ôter à leurs associés l'envie même de les délivrer.

Lorsqu'on eut pris les mesures de sûreté nécessaires, et organisé le conseil pour faire leur procès, on les ramena à Québec, où ils confessèrent leur crime et furent condamnés à mort. Duval seul fut exécuté ; les autres ayant été reconduits en France, y reçurent leur grâce. Cette prompte justice en imposa aux mécontents et la paix ne fut plus troublée[1].

Le gouverneur avait été revêtu des pouvoirs exécutif, législatif et judiciaire les plus amples, qui passèrent ensuite à ses successeurs. La colonie resta soumise à ce despotisme pur jusqu'en 1663, sans qu'il y fût fait presque aucune modification. Alors il fut circonscrit dans son action par des formes qui en limitèrent l'abus. Ces pouvoirs sont consignés dans la commission que le fondateur du Canada reçut du roi en partant pour ce pays, laquelle peut être à ce titre regardée comme la première constitution qu'il ait tenue des Européens. Voici quelques-unes des principales dispositions de ce document que nous reproduisons dans leur vieux style et textuellement.

« En paix, repos, tranquillité, y commander (le gouverneur) tant par mer que par terre : ordonner, décider et faire exécuter tout ce que vous jugerez se devoir et pouvoir faire, pour maintenir, garder, et conserver les dits lieux sous notre puissance et autorité, par les formes, voies et moyens prescrits par nos ordonnances. Et pour y

1. Champlain ; Lescarbot.

avoir égard avec nous, commettre, établir et constituer tous officiers, tant ès affaires de la guerre que de justice et police pour la première fois, et de là en avant nous les nommer et présenter, pour en être par nous disposé, et donner les lettres, titres et provisions tels qu'ils seront nécessaires. Et selon les occurrences des affaires, vous-même avec l'avis de gens prudents et capables, prescrire sous notre bon plaisir, des lois, statuts et ordonnances, autant qu'il se pourra conformes aux nôtres, notamment ès choses et matières auxquelles n'est pourvu par icelles. »

Les gouverneurs n'avaient pour tempérer leur volonté, que les avis d'un conseil de leur choix, et qu'ils n'étaient pas tenus de suivre. Tout cela était bien vague et bien fragile. Mais tels sont à peu près les pouvoirs qui ont été délégués à tous les fondateurs de colonies dans l'Amérique septentrionale, sauf quelques rares exceptions dans les provinces anglaises. Ce système avait peu d'inconvénients dans les commencements, parce que la plupart des planteurs étaient aux gages d'un gouverneur ou d'une compagnie sous les auspices desquels se formait l'établissement. Mais à mesure que les colonies prenaient de l'extension, leurs institutions se formulaient sur celles de leurs mères-patries respectives, dont elles prenaient plus ou moins la physionomie et le caractère.

Champlain trouva que depuis Jacques Cartier, le Canada avait été bouleversé par des révolutions. Stadaconé et Hochelaga n'existaient plus ; et il paraît aussi que ce n'étaient plus les mêmes habitants qui occupaient le pays. Ces bourgades avaient-elles été renversées par la guerre ou transportées ailleurs par suite des vicissitudes de la chasse ou de la pêche ? Colden[1] rapporte que les

---

1. *History of the five Indian nations of Canada.*

cinq nations iroquoises avaient occupé autrefois les environs de Montréal, et qu'elles en avaient été chassées par les Algonquins; c'était là, dit-il, une tradition accréditée chez ces nations elles-mêmes. Il est tout probable en effet qu'au moins une partie a possédé cette contrée dans un passé plus ou moins éloigné.

Les révolutions de cette nature n'étaient pas rares chez les nations indiennes, qui erraient dans leurs vastes forêts sans laisser ni monuments de leur existence, ni trace de leur passage.

D'après les relations de Cartier l'on serait porté à croire cependant, que la lutte entre les Iroquois et les autres Sauvages du Canada n'était pas encore commencée de son temps. Il ne parle que des *Toudamens*, tribus établies sur les bords de la mer, entre la N. Écosse et la N. York, lesquels traversaient les Alleghanys pour venir porter leurs ravages dans la vallée du Saint-Laurent.

À l'époque de l'arrivée de Champlain, le pays était occupé par des peuplades encore plus barbares que celles qui existaient au temps de Cartier, et qui luttaient avec difficulté contre des ennemis qui leur étaient supérieurs, sinon par le courage du moins par l'habileté et par la prudence. Ces peuples désespérés s'empressèrent d'accourir au devant de lui et de briguer son alliance contre les Iroquois qui occupaient les forêts situées à l'occident du lac Ontario. Ces Sauvages, de la famille des Hurons, formaient cinq nations confédérées; et chacune d'elles était partagée en trois tribus qui portaient les noms allégoriques de la *Tortue*, de *l'Ours* et du *Loup* (Cadwallader Colden).

Ignorant la force et le caractère de cette confédération, Champlain accepta peut-être trop précipitamment des offres dont l'effet fut de doter la colonie d'une guerre qui dura plus d'un siècle. Il pensait qu'en ayant pour alliées toutes les tribus du pays, il pourrait subjuguer facilement, non seulement cette confédération, mais encore toutes les peuplades qui voudraient entraver ses projets par la suite. Jusqu'alors les autres nations européennes, n'avaient trouvé que des ennemis dans les Indiens parmi lesquels elles étaient venues s'établir ; il dut croire, lui, en les voyant rechercher son amitié, qu'avec leur appui le succès de son entreprise n'était que plus assuré. Il ne savait pas encore que d'autres Européens, rivaux de la France, étaient déjà établis à côté des Iroquois, et prêts à les soutenir dans leurs luttes.

On explique ainsi l'origine de la guerre entre ces Sauvages et les autres tribus canadiennes, les Algonquins, les Hurons et les Montagnais.

« Une année, il arriva qu'un parti d'Algonquins, peu adroits ou peu exercés à la chasse, y réussit mal. Les Iroquois qui les suivaient, demandèrent la permission d'essayer s'ils seraient plus heureux. Cette complaisance qu'on avait eue quelquefois, leur fut refusée. Une dureté si déplacée les aigrit. Ils partirent à la dérobée pendant la nuit, et revinrent avec une chasse très abondante. La confusion des Algonquins fut extrême. Pour en effacer jusqu'au souvenir, ils attendirent que les chasseurs iroquois fussent endormis et leur cassèrent à tous la tête. Cet assassinat fit du bruit. La nation offensée demanda justice. Elle lui fut refusée avec hauteur. On ne lui laissa pas même l'espérance de la plus légère satisfaction.

« Les Iroquois, outrés de ce mépris, jurèrent de périr ou de se venger ; mais n'étant pas assez forts pour tenir tête à leur superbe offenseur, ils allèrent au loin s'essayer à s'aguerrir contre des nations moins redoutables. Quand ils eurent appris à venir en renards, à attaquer en lions, à fuir en oiseaux, c'est leur langage, alors ils ne craignirent plus de se mesurer avec l'Algonquin. Ils firent la guerre à ce peuple avec une férocité proportionnée à leur ressentiment » (Raynal)[1].

Gonflés par des succès inouïs, ils se considérèrent comme supérieurs au reste des hommes, et s'appelèrent orgueilleusement *Ongue honwe*, c'est-à-dire hommes qui surpassent les autres hommes.

Ils devinrent la terreur de toutes les nations de l'Amérique septentrionale. Lorsque les Agniers prenaient les armes contre les tribus de la Nouvelle-Angleterre, un seul de leurs guerriers paraissait-il parmi elles, aussitôt le terrible cri d'alarme s'élevait de colline en colline, un Iroquois ! un Iroquois ! Et saisies d'épouvante, toutes les tribus, hommes, femmes et enfants, prenaient la fuite comme un timide troupeau de moutons poursuivis par des loups. Cette terreur de leur nom, ils mettaient le plus grand soin à la répandre en cherchant en toutes occasions à persuader aux autres peuples qu'ils étaient invincibles.

Pontgravé lui ayant amené à Québec deux barques remplies d'hommes, Champlain repartit aussitôt avec ses nouveaux alliés et une douzaine de Français pour marcher contre eux. Il les rencontra sur les bords du lac auquel il a donné son nom. Les deux armées se trouvèrent en présence le 29 Juillet (1609) et se préparèrent au combat. Les Sauvages passèrent toute la nuit à danser, à chanter et à se provoquer d'un camp à l'autre à la façon des Grecs et des Troyens d'Homère. Les Français pour qui les usages des Indigènes étaient nouveaux, regardaient tout cela avec une curiosité mêlée de surprise.

---

1. Charlevoix : *Journal historique d'un voyage de l'Amérique*. Colden.

Le lendemain matin, les Indiens sortirent de leurs retranchements et se rangèrent en bataille. Les Iroquois au nombre de 200 s'avancèrent au petit pas avec beaucoup de gravité et d'assurance, sous la conduite de trois chefs que distinguaient de grands panaches. Champlain n'avait que deux Français avec lui, les autres étant restés en arrière. Ses alliés se séparèrent en deux corps et le mirent en avant à leur tête, tandis que ses deux compagnons se placèrent sur la lisière du bois avec quelques Sauvages. On lui dit de tirer sur les chefs. Les ennemis s'arrêtèrent à 30 pas de lui, et le contemplèrent quelque temps avec surprise ; alors les deux partis firent une décharge de flèches, et dans le même temps tombèrent raides morts deux chefs Iroquois frappés par les balles et un troisième mortellement blessé. Les alliés poussèrent un cri de joie ; les ennemis saisis d'épouvante, prirent la fuite et se dispersèrent dans les bois, mais non sans avoir encore perdu plusieurs guerriers qui furent tués ou faits prisonniers.

Cette victoire ne coûta que 15 ou 16 blessés aux vainqueurs qui, après avoir pillé le camp des vaincus, où ils trouvèrent du maïs et des armes, commencèrent une retraite précipitée le jour même. Le soir ils prirent un de leurs prisonniers et lui commandèrent d'entonner le chant de mort. Ensuite, suivant la coutume de ces barbares, ils lui firent souffrir les plus affreux tourments. Champlain, révolté de leur cruauté, n'obtint la permission d'achever ce pauvre misérable qu'après qu'ils furent las de le torturer et que le sang eut satisfait leur vengeance.

Vers l'automne le gouverneur s'embarqua pour l'Europe, et se rendit à Fontainebleau où était Henri IV, qui le reçut très bien, et écouta avec intérêt le rapport qu'il lui fit de la situation de la Nouvelle-France, nom que ce grand roi donna alors au Canada.

De Monts fit d'inutiles efforts pour faire renouveler son privilège de la traite; des intérêts trop puissants s'y opposaient pour qu'il pût réussir. Néanmoins ses associés ne l'abandonnèrent pas encore tout à fait après cet échec, espérant pouvoir dans la concurrence générale retirer des pelleteries de quoi couvrir les dépenses de la colonie naissante. Le Gendre et Collier furent ceux qui secondèrent son zèle avec le plus d'ardeur. Il put, grâce à leur appui, expédier dans le printemps (1610) deux navires sur l'un desquels revint Champlain, qui trouva les habitants de Québec dans les dispositions les plus encourageantes, la santé publique ne s'étant pas un instant altérée, et la récolte ayant produit abondamment de manière à répondre aux espérances les plus ambitieuses.

Les Indigènes attendaient son retour avec impatience pour entreprendre une nouvelle expédition contre leurs ennemis qu'ils ne craignaient plus maintenant d'aller attaquer chez eux. À peine donc fut-il débarqué et eut-il donné ses ordres qu'il partit pour se mettre à la tête de leur armée réunie à l'embouchure de la rivière Richelieu.

On ne marcha pas longtemps sans rencontrer les Iroquois que l'on croyait bien plus loin. Ils s'étaient fortement retranchés pour se mettre à l'abri des armes meurtrières des Européens, dont ils avaient vu l'effet au combat de l'année précédente, et ils repoussèrent leurs assaillants dans une première attaque. À la seconde cependant, le feu de la mousqueterie décida la victoire qui fut longtemps disputée ; Champlain et un de ses gens y furent blessés. Les ennemis furent taillés en pièces, et ceux qui échappèrent au casse-tête périrent dans une rivière dans laquelle ils furent culbutés. Deux cents Hurons arrivèrent après le combat. La plupart d'entre eux n'ayant jamais vu d'Européens regardaient les Français, leurs habits, leurs armes, avec étonnement.

La liberté du commerce des pelleteries ayant été promulguée dans tous les ports de mer du royaume, plusieurs navires vinrent en Canada pour faire la traite. Ils apportèrent la nouvelle de la mort de Henri IV. Ce tragique événement y répandit la même consternation qu'à Port-Royal. Tout le monde sentait la perte qu'on venait de faire, et surtout Champlain qui avait joui de la protection et de l'amitié de cet infortuné monarque. Il partit presque immédiatement pour la France, afin de veiller aux intérêts de Québec qui auraient pu se trouver gravement compromis dans les dissensions que faisait redouter cette catastrophe.

L'esprit du nouveau gouvernement et la liberté entière de la traite, qui dès lors donna lieu à une concurrence très vive, obligèrent de Monts à abandonner tous ses projets, faute de moyens pour les continuer, ayant même eu de la peine à subvenir aux dépenses de la colonie dans le temps qu'il était en possession du monopole de son commerce. Il fallut donc songer à adopter un nouveau système; et Champlain, après en avoir conféré avec lui à Pons, travailla à former une nouvelle compagnie et à mettre le Canada sous la protection de quelque grand personnage de la nation, comme le moyen le plus propre à lui assurer les dispositions favorables de la cour. L'exemple de l'influence de la marquise de Guercheville dans les affaires de l'Acadie, lui semblait prouver la nécessité d'une pareille protection, à laquelle la couronne montrait beaucoup d'égards, pour récompenser sans doute et encourager la fidélité de la noblesse, avec laquelle elle voulait se mettre en faveur comme elle faisait avec le clergé.

Charles de Bourbon, comte de Soissons, se chargea à sa prière des intérêts du Canada. Il s'en fit nommer par la régente lieutenant-général à la place de M. de Monts, et choisit Champlain pour son lieutenant, par ses lettres du mois d'octobre 1612. À peine cette commission était-elle signée que ce prince mourut. Ce capitaine allait retomber dans son premier embarras, lorsqu'heureusement le prince de Condé accepta la charge vacante par la mort du comte de Soissons, et le continua dans ses fonctions.

La commission de ce dernier lui ordonnait de saisir tous les bâtiments qui feraient la traite, sans permission, depuis Québec en remontant le fleuve. C'était abolir, pour ces limites, la liberté du commerce accordée par Henri IV. Lorsque cette commission fut publiée dans les havres et ports du royaume, elle souleva une opposition formidable. Champlain montra dans cette circonstance les ressources de son esprit ingénieux. Il proposa d'établir une association pour coloniser le Canada, et y faire le commerce des pelleteries, dans laquelle tous les marchands auraient droit d'entrer. Il voulait assurer par ce plan le succès de sa colonie, et rendre en même temps le commerce libre à tous ceux qui le faisaient, sous certaines conditions. Ce projet était bon ; néanmoins les marchands de la Rochelle refusèrent de se prêter à son exécution. Ils avaient été priés de se trouver à Fontainebleau pour signer l'acte de société, ils n'y vinrent point ; ceux de Rouen et de Saint-Malo seulement s'y rendirent. Malgré cela, il fut décidé de leur laisser le droit d'entrer dans la compagnie pour un tiers, s'ils venaient à changer d'avis ; mais ne s'étant point conformés aux articles proposés dans le temps donné, l'acte fut clos, et les deux dernières villes y furent parties chacune pour moitié. Fait pour onze années, il fut ratifié par le Prince de Condé et confirmé par le roi. Les

Rochellois regrettèrent alors leur obstination parce que la liberté du commerce se trouva abolie par cette confirmation royale, à laquelle, sans doute, ils ne s'attendaient pas. Ils continuèrent toutefois par contrebande la traite sur un pied considérable sans qu'on pût y mettre fin, à cause de l'impossibilité à cette époque de garder les côtes du Canada.

Dans la prévision d'une pareille association, Champlain avait fait faire des défrichements dans le voisinage de Montréal, pour élever un petit fort afin de protéger le comptoir de la compagnie, qui pourrait être avantageusement établi dans cette île. C'est pendant qu'il était occupé à ce travail qu'il fut visité par 200 Hurons avec lesquels il fit un traité d'alliance et de commerce, et qu'il obtint la permission de former des établissements dans leur pays s'il en trouvait le sol convenable.

En 1613, trompé par un imposteur qui disait être parvenu avec les Algonquins fort loin dans le nord, jusque sur les bords d'une mer où il avait vu les débris d'un navire anglais, il partit pour aller vérifier ce fait, que la découverte de la baie d'Hudson peu d'années auparavant (1602) rendait très probable. Il remonta la rivière des Outaouais jusque dans le voisinage de sa source sans rien trouver; et les Sauvages l'ayant convaincu de la fausseté de ce rapport, il revint sur ses pas. Avec de bons guides il aurait pu cependant atteindre la baie d'Hudson en peu de temps, puisqu'avec un canot léger l'on peut, dit-on, s'y rendre des Trois-Rivières par celle de Saint-Maurice en 15 jours.

L'année 1615 est remarquable dans les annales de la colonie par la découverte du lac Ontario, la première de ces quatre grandes mers intérieures qui distinguent l'Amérique septentrionale. Champlain se trouvant au

Sault-Saint-Louis, les Hurons et les Outaouais réclamèrent encore son secours contre les Iroquois, qui leur barraient le chemin pour venir vendre leurs pelleteries aux comptoirs français. Dans l'intérêt de la traite et de ses projets de découverte, il consentit à aller se mettre à leur tête, et se rendit quelque temps après de sa personne à *Cahiagué*, où les alliés devaient réunir leurs forces. Il prit la route de la rivière des Outaouais, parvint jusqu'au lac *Nipissing*, à environ 60 lieues au nord-est du lac Huron, puis descendant vers le sud, il arriva sur les bords du lac Ontario à la fin de juillet. Il est le premier Européen qui ait contemplé cette mer douce, comme il l'appelle, ce lac océanique que ne sillonnaient encore que les fragiles esquifs de l'Indien, qui ne réfléchissait que les sombres forêts de ses rives solitaires, mais qui devait baigner dans la suite tant de villes florissantes et porter sur son sein les plus gros navires qu'ait inventés l'industrie humaine.

Il trouva dans une bourgade 14 Français qui étaient partis avant lui de Montréal ; il traversa cinq autres villages tous défendus par de triples palissades, et entra enfin dans celui de *Cahiagué* qui renfermait 200 cabanes. Il fut reçu avec la plus grande distinction par toute la tribu.

Cependant l'armée barbare ne tarda pas à se mettre en marche ; l'on traversa le Saint-Laurent par le 43e degré de latitude. L'ennemi prévenu de l'invasion, avait eu le temps de prendre ses mesures et de se mettre en état de défense. Solidement retranché, il repoussa toutes les attaques des alliés qui furent faites sans ordre et avec une confusion étrange, malgré les efforts des Français pour régulariser les mouvements de ces hordes indociles, qui passèrent alors de l'excès de la présomption au plus profond découragement. Il fallut songer à la retraite qui s'opéra néanmoins avec régularité et sans perte.

Champlain qui avait reçu deux blessures dans cette campagne, demanda, lorsqu'il fut assez rétabli pour supporter les fatigues du voyage, des guides pour le reconduire à travers les forêts à Montréal. On les lui refusa sous divers prétextes, et il fut obligé de passer l'hiver chez ces peuples. Mettant ce délai à profit, il étendit ses courses au midi du lac Ontario, et visita la nation neutre, tribu populeuse qui, malgré sa position intermédiaire entre les parties belligérantes, conservait des relations amicales avec tous ses voisins. Il ne fut de retour au Sault-Saint-Louis que dans le mois de juin suivant. Le bruit avait été répandu qu'il était mort ; ce fut donc avec la plus grande joie que ses compatriotes le virent arriver sain et sauf au milieu d'eux, après avoir fait des découvertes qui devaient ajouter encore une nouvelle célébrité à son nom.

En 1618, les États du royaume étant assemblés, les députés de la Bretagne réussirent à faire accepter par le conseil l'article de leurs cahiers qui demandait la liberté du commerce des pelleteries en Canada, fait qui démontre l'importance que ce négoce avait prise du moins dans cette province de France. Champlain qui était passé en Europe en partie pour veiller aux intérêts de la colonie dans les troubles qui agitaient encore le royaume, comme il l'avait déjà fait lors de la mort de Henri IV, fit revenir sur cette mesure, qui sapait par sa base la société du Canada qu'il avait eu tant de peine à former ; et après une discussion approfondie où tous les intéressés furent entendus, elle fut retirée. Des procès et des difficultés sans nombre assaillaient de toutes parts cette compagnie, qui, n'ayant que des motifs de lucre, se fût bientôt dégoûtée d'une entreprise ingrate sans Champlain qui, mettant tour à tour en jeu l'intérêt, le patriotisme et l'honneur, réussit encore à l'empêcher de se dissoudre et à conserver ce qu'il regardait comme la sauvegarde de la colonie. Après avoir assuré l'existence de cette société, il la pressa de travailler avec zèle à la colonisation ; elle lui fit des promesses qu'elle se donna bien de garde d'exécuter. Au reste il eut bientôt lieu d'en éprouver lui-même les bonnes volontés, et de se convaincre de la manière dont elle entendait acquitter ses obligations.

Comme il se préparait à passer à Québec avec toute sa famille, elle voulut l'employer seulement à des voyages de découverte pour lier de nouvelles relations commerciales avec les nations qu'il pourrait découvrir ; et charger de l'administration de la province Pontgravé, homme facile et tout à fait selon ses vues, et qui ne s'était jamais intéressé qu'à la traite. Il refusa de consentir à cet arrangement. Là dessus s'éleva une contestation qui fut portée devant le conseil du roi, lequel par un arrêt rendu en 1619, maintint Champlain à la tête du gouvernement de la Nouvelle-France pour laquelle il ne put partir cependant qu'en 1620 à cause de toutes ces difficultés. À peu près dans le même temps le prince de Condé qui avait été emprisonné pendant les troubles, fut rendu à la liberté et céda la lieutenance-générale de ce pays, dont il était chargé depuis quelques années, au duc de Montmorenci pour 11 000 écus ; d'où l'on peut conclure que le patronage du Canada valait déjà quelque chose. Champlain fut confirmé dans ses fonctions, et reçut ordre de bâtir un fort à Québec. M. Dolu, grand audiencier, fut chargé en France des affaires du Canada, auxquelles le duc de Montmorenci parut prendre plus d'intérêt que son prédécesseur. Les associés voulurent encore partager le commandement de Champlain ; mais les ordres du roi les restreignirent à leur commerce seul, et placèrent la colonie sous l'administration exclusive de ce capitaine.

C'est à son retour à Québec qu'il fit commencer la construction du château Saint-Louis, sur la cime du cap, château devenu célèbre pour avoir servi de résidence aux gouverneurs du Canada jusqu'en 1834, qu'il fut entièrement détruit par un incendie. Tous leurs actes étaient généralement datés de cette demeure vice-royale, qui n'a pas été rebâtie[1].

Les Récollets commencèrent aussi à se construire cette année un couvent sur la rivière Saint-Charles, quoique la population de Québec ne dépassât pas encore une cinquantaine d'âmes, en y comprenant même ces moines. Mais tel était l'esprit de dévotion en France que différents ordres religieux purent, par les libéralités des personnes pieuses, élever au milieu des forêts du Canada, qu'ils étaient obligés de défricher pour en poser les fondations, les vastes établissements scolaires et de bienfaisance qui font aujourd'hui encore l'honneur de ce pays. Des corps religieux, les Récollets qui y sont venus les premiers, sont aussi les premiers qui en ont disparu. Ce qui frappait davantage autrefois l'étranger en arrivant sur ces bords, c'étaient nos institutions conventuelles, comme, dans les provinces anglaises, c'étaient les monuments du commerce et de l'industrie : cela était caractéristique de l'esprit des deux peuples. Tandis que nous érigions des monastères, le Massachusetts se faisait des vaisseaux pour commercer avec toutes les nations.

L'année suivante, Champlain promulgua des ordonnances et des règlements pour la bonne conduite des colons, et le maintien de l'ordre. Ce petit code de lois, le

---

1. On a conservé ce nom à un bâtiment bâti à la fin du dernier siècle pour servir de dépendance au château, et que le feu a épargné.

premier qui ait été fait pour le Canada, ne paraît pas avoir été conservé. Ce serait une pièce curieuse pour l'histoire des premiers jours de la colonie. Il n'est pas non plus indigne de cette histoire de mentionner que c'est vers cette époque qu'il commence à y avoir des habitants qui vivent du produit de leurs terres; et les Hébert et les Couillard sont les plus notables de ceux dont l'on trouve le nom dans nos anciennes annales: c'est en 1628 seulement qu'on laboura pour la première fois avec des bœufs. La plupart des Français passés en Canada étaient encore alors employés à la traite des pelleteries, dont Tadoussac, Québec, les Trois-Rivières et le Sault-Saint-Louis étaient les principaux comptoirs.

Cependant les Sauvages qui avaient toujours continué de se faire la guerre, soupiraient depuis longtemps après la paix. Les deux partis fatigués d'une lutte sanglante qui, selon leur rapport, durait depuis plus de 50 ans, avaient en effet tacitement consenti à une espèce de trêve, qui fut suivie ensuite d'un traité solennel ratifié en 1622.

D'un autre côté, la traite était un objet continuel de disputes entre les négociants qui y étaient engagés, ou entre ces négociants et le gouvernement. La société formée entre Rouen et Saint-Malo en 1616, avait été supprimée par le roi, faute par elle d'avoir rempli ses obligations relativement à la colonisation du pays; et une nouvelle association s'était, à ce qu'il paraît, organisée avec les frères de Caen à sa tête. Il s'éleva aussitôt des procès entre l'ancienne et la nouvelle compagnie au sujet de réclamations litigieuses. Le tout fut porté devant le conseil du roi, et se termina par la réunion des deux sociétés.

Il est souvent difficile de démêler la complication des sociétés commerciales qui exploitaient alors la colonie ; mais il importe peu qu'elles fussent composées de tels ou tels hommes, portassent tels ou tels noms, ou eussent telles ou telles obligations à remplir envers elle ; il suffit de savoir que toutes elles se ressemblaient sous un point, c'est-à-dire qu'elles ne faisaient rien ou presque pour le Canada. Elles n'avaient pas fait défricher un seul arpent de terre ; et il est constant qu'elles regardèrent, en Canada comme en Acadie, l'établissement du pays comme destructif de la traite[1].

Le duc de Montmorenci fatigué comme vice-roi de tous ces débats, céda pour une certaine somme sa charge à Henri de Lévis, duc de Ventadour. Le roi fit en conséquence expédier en 1625 ses lettres patentes nommant lieutenant-général de la Nouvelle-France ce dernier duc, qui dégoûté du monde était entré dans les ordres sacrés. Son but en acceptant cette charge était de travailler bien moins à l'établissement de la colonie qu'à la conversion des idolâtres. Aussi fit-il peu de chose pour elle ; mais s'il y envoya peu ou point de colons, en revanche il y fit passer, dans l'année même et à ses propres frais, cinq Jésuites : c'étaient les P. P. Lallemant, Brébœuf[2], Masse et deux autres religieux. Tout louable qu'était ce dessein, cela donnait peu d'espoir à ceux qui désiraient voir avancer le Canada en population, en industrie et en richesses. Mais Champlain veillait sur lui, et s'il ne faisait pas de progrès, du moins sa main l'empêchait de tomber.

---

1. Voir ce que M. Denis dit sur la conduite de d'Aunay en Acadie : *Description de l'Amérique Septentrionale*, chap. III.

2. Le P. Brébœuf était d'une ancienne famille normande de la souche de laquelle descendent les Arundels d'Angleterre. *Dict. Historique*.

À la fin, outré de la coupable indifférence de la nouvelle compagnie, il l'accusa auprès du duc de Ventadour, et peignit à ce seigneur avec énergie l'abandon dans lequel elle laissait languir cette province, qui ne demandait qu'un peu d'aide pour fleurir et prospérer. Ces plaintes parvinrent aux oreilles de Richelieu chargé alors des destinées de la France. En apprenant le mal, il avisa au remède avec sa décision et sa promptitude ordinaires.

Ce ministre que l'Europe s'accorde à regarder comme le plus grand homme d'État moderne, était parvenu au timon des affaires en 1624. Créature du maréchal d'Ancre, il sut acquérir les bonnes grâces de la reine mère dont il fut dans la suite un ennemi acharné. Il s'employa activement pour rétablir la paix entre elle et le roi son fils ; pour l'en récompenser, elle lui fit obtenir le chapeau de cardinal et une place dans le conseil, qu'il assujettit bientôt à ses volontés par sa fermeté et par ses talents. Il introduisit un système de politique qui changea la face de l'Europe. Ce puissant génie, dit l'abbé Millot, gouvernant la monarchie française, maîtrisant la faiblesse du monarque, subjuguant l'audace des calvinistes et l'ambition séditieuse des grands, étonna le monde par l'éclat de ses entreprises. Il fit couler des fleuves de sang, il gouverna avec un sceptre de fer, il rendit la France malheureuse, il fut craint et haï autant qu'admiré ; mais son ministère fera une des principales époques de l'histoire par les révolutions et les événements célèbres qu'il a produits.

C'est sous ce ministre que commencèrent à naître la marine et le commerce extérieur du royaume. Une des grandes idées qui le préoccupaient, c'était bien de donner à la France une marine importante et redoutable ; il sut aussi entrevoir, pour exécuter ce projet, quelles étaient les mesures les plus sages et les plus efficaces. Au lieu de construire des vaisseaux de guerre et d'employer une portion des revenus publics à les équiper, il commença par améliorer les ports de mer sur les côtes de la France, et il se fit donner les fonctions de surintendant des affaires des colonies dont il connaissait plus que personne l'importance; il voulut lui-même encore les encourager par l'influence de son nom; mais l'esprit absorbé par les révolutions que son génie faisait subir au monde, et par les luttes intestines de la monarchie, il ne travailla pas assez constamment à jeter les bases d'un système colonial qui pût augmenter la puissance de la mère-patrie. Il paraît plutôt qu'il avait pour principe d'affranchir le gouvernement du soin de coloniser l'Amérique, et d'abandonner cette tâche à des compagnies particulières, ne réservant pour ainsi dire à la couronne qu'une redevance et une autorité nominale. Dès 1625, il mit ce principe en pratique pour Saint-Christophe, la première des îles de l'Archipel du Mexique, où les Français aient fondé un établissement. Il fit la même chose pour la Nouvelle-France. Ainsi les colonies retombaient encore sous le monopole. Le gouvernement ne faisant rien pour elles, il fallait donner des avantages commerciaux aux compagnies qui se chargeaient de les peupler. D'ailleurs « c'était l'usage d'un temps où la navigation et le commerce n'avaient pas encore assez de vigueur pour être abandonnés à la liberté des particuliers ».

Instruit par les représentations de Champlain de l'état du Canada, il jugea que, pour donner l'essor à cette colonie qui languissait dans son berceau, et la faire progresser, il était nécessaire de former une compagnie puissante et qui eût un grand capital, parce que l'expérience du passé, en France et ailleurs, avait appris que la classe des émigrants n'était pas en état, par ses seules ressources et sans secours étranger, de se transporter en Amérique, d'y ouvrir des terres et d'attendre le moment où elles lui fourniraient de quoi subsister.

En outre, les difficultés nombreuses qui s'élevaient tous les jours entre le pouvoir politique et les sociétés qui exploitaient les colonies, le déterminèrent à y établir une seule autorité afin d'éviter des collisions fâcheuses, personne plus que lui ne sentant l'importance de l'unité de pouvoir et d'action. Pour parer donc à ces deux inconvénients, il forma une association connue sous le nom des cent associés, et il lui concéda à perpétuité la Nouvelle-France et la Floride, à la réserve de la foi et hommage au roi, et de la nomination des officiers de la justice souveraine, qui devaient être toutefois désignés et présentés par la compagnie, lorsqu'elle jugerait à propos d'en établir. L'acte de son établissement fut confirmé par les lettres patentes du roi du 6 mai 1628. Ainsi cette contrée passa du régime royal à celui d'une compagnie qui devint le modèle de ces sociétés puissantes dites des Indes, qui ont brillé avec tant d'éclat, et dont celle d'Angleterre surtout a acquis de nos jours un si vaste empire en Asie.

Chapitre III

Nouvelle-France jusqu'à la paix de Saint-Germain-en-Laye

1613-1632

Les persécutions politiques et religieuses et la conquête étrangère déterminent les émigrations : exemple, les Irlandais et les Écossais. — Les Huguenots formellement exclus de la Nouvelle-France. — Grandes espérances que donne en France la compagnie des cent associés. — Elle envoie un armement considérable à Québec, sous les ordres de Roquemont. — Acadie : le chevalier Alexander obtient de Jacques I la concession de cette province pour la peupler d'Écossais ; et une partie reçoit alors le nom de Nouvelle-Écosse. — Une colonie y est envoyée et s'en revient sans avoir débarqué. — Création d'une chevalerie à l'occasion de cette contrée. — Guerre entre la France et l'Angleterre. — Kirtk s'avance contre Québec, puis abandonne son entreprise. Il rencontre en se retirant dans le bas du fleuve l'escadre de Roquemont et s'en empare. — Québec réduit à la famine par cette perte, se rend l'année suivante à Louis et Thomas Kirtk, ses frères, qui secourent les habitants mourant de faim. — Le Cap-Breton pris par une partie de la flotte de Kirtk, est repris par le capitaine Daniel. — Le chevalier la Tour attaque le fort du cap de Sable défendu par son propre fils, et est repoussé. — Le chevalier Alexander lui cède la Nouvelle-Écosse, excepté Port-Royal. — La France et l'Angleterre occupent en même temps l'Acadie. — Traité de Saint-Germain-en-Laye.

« Si l'on ne réussit pas, dit Lescarbot en parlant de colonisation, il faut l'attribuer partie à nous-mêmes qui sommes en trop bonne terre pour nous en éloigner, et nous donner de la peine pour les commodités de la vie. » L'on a en effet reproché aux Français de n'être pas un peuple émigrant ; que leur passion pour les charmes de la société l'emportait sur le désir d'améliorer leur condition, lorsqu'il fallait pour cela sacrifier une jouissance qui leur était si douce ; que leur attachement enfin pour leur pays natal a formé un grand obstacle à l'avancement de leurs colonies. Mais ce sentiment est commun à tous les peuples, même à ceux qui sont à demi-nomades. *Dirons-nous*, répondait le chef d'une peuplade indienne dont l'on voulait prendre le territoire, *dirons-nous aux os de nos pères, levez-vous et marchez.* Il y a tout un monde de souvenirs dans cette parole que nous révèle le passé sous la forme la plus vraie et la plus expressive. La pensée de quitter pour jamais la patrie est douloureuse pour tous les hommes ; par cet exil qui ne doit pas finir, mille liens, qui les attachent d'une manière imperceptible mais presqu'indissoluble au sol qui les a vus naître, sont froissés et brisés tout d'un coup. Il n'y a que les motifs les plus impérieux qui puissent les engager à rompre ainsi avec tout ce qui leur a été cher, pour ne plus songer qu'à l'avenir avec ses chances et ses craintes, ses illusions et ses cruels mécomptes. Aussi, si l'on examine attentivement l'histoire des migrations qui ont pour ainsi dire signalé chaque siècle, l'on trouve qu'elles ont eu toutes pour motif une nécessité absolue ; tantôt c'est une guerre funeste, tantôt c'est l'oppression la plus intolérable, une autre fois c'est une misère tellement profonde que l'abandon de son pays pour s'en racheter est vraiment un léger sacrifice.

Lorsque dans un pays existent quelques unes de ces causes, et que l'esprit d'émigration se manifeste, la seule chose qui reste à faire au gouvernement, c'est de chercher à diriger le flot de population qui s'exile de manière que l'État non seulement n'en souffre point, mais au contraire qu'il en retire encore des avantages.

Le dix-septième siècle fut pour la France l'époque la plus favorable pour coloniser, à cause des luttes religieuses du royaume, et du sort des vaincus, assez triste pour leur faire désirer d'abandonner une patrie qui ne leur présentait plus que l'image d'une persécution finissant souvent par l'échafaud ou le bûcher. Si Louis XIII et son successeur eussent ouvert l'Amérique à cette nombreuse classe d'hommes, le Nouveau-Monde compterait aujourd'hui un empire de plus, un empire français ! Malheureusement, l'on adopta une politique contraire ; et malgré tous les avantages qu'on put offrir aux catholiques, ceux-ci se trouvant bien dans leur patrie, ne se levèrent point pour émigrer. Il en fut ainsi en Angleterre des classes favorisées ; elles ne bougèrent pas, tandis que les républicains vaincus, les catholiques persécutés, les dissidents foulés et méprisés, recevaient comme une faveur la permission de passer dans le Massachusetts et la Virginie, où l'on s'empressa par politique de laisser écouler ces mécontents si nuisibles dans la métropole à la marche et aux projets du gouvernement.

Déjà le joug étranger chassait depuis longtemps les Irlandais et les Écossais de leur patrie. Dès 1620, les derniers, pour se soustraire au joug des Anglais, émigraient dans la Pologne, dans la Suède et dans la Russie. Leurs conquérants eux-mêmes qui ont senti la pesanteur du joug des Normands jusque dans le 14e siècle, et qui se sont ensuite précipités dans les orages des révolutions politiques, n'ont probablement pas échappé à cette influence attiédissante, lorsqu'ils voyaient encore les sommités sociales de leur pays occupées par des hommes de cette race, sous laquelle leurs pères avaient souffert tant de maux. Cela joint aux persécutions religieuses dont une partie d'entre eux était l'objet, devait diminuer leurs regrets en quittant un pays dont le présent et le passé présentaient de si sombres images.

Richelieu fit donc une grande faute, lorsqu'il consentit à ce que les protestants fussent exclus de la Nouvelle-France ; s'il fallait expulser une des deux religions, il aurait mieux fallu, dans l'intérêt de la colonie, faire tomber cette exclusion sur les catholiques qui émigraient peu ; il portait un coup fatal au Canada en en fermant l'entrée aux Huguenots d'une manière formelle par l'acte d'établissement de la compagnie des cent associés.

Jusqu'à cette époque, il est vrai, ils en avaient été tenus éloignés d'une manière sourde et systématique[1], tout comme après la conquête on a longtemps repoussé les Canadiens français du gouvernement, et comme ils le sont encore aujourd'hui de certains départements publics ; mais il s'en introduisait toujours quelques uns. Ce ne fut que quand Richelieu eut écrasé les Huguenots à la Rochelle, qui fut prise en 1628, que l'on ne se crut plus obligé de les ménager, et qu'ils furent sacrifiés à la vengeance de leurs ennemis victorieux. Le système colonial français eût eu un résultat bien différent, si on eût levé les entraves qu'on mettait pour éloigner ces sectaires du pays, et si on leur en eût laissé les portes ouvertes.

L'on va voir tout à l'heure que le premier fruit de cette funeste décision, fut la conquête du Canada, au profit de l'Angleterre, par ces mêmes Huguenots qu'on per-

---

1. Il paraît enfin qu'il fut conclu (1616)... qu'à l'avenir les Huguenots en fussent exclus... *Premier établissement de la foi dans la N.-F.* par le P. Leclerc.

sécutait dans la mère-patrie et que l'on excluait de ses possessions d'outre-mer.

Nous avons déjà exposé les motifs de la formation de la compagnie des cent associés, à laquelle furent abandonnées tous les colonies françaises de l'Amérique.

Elle obtint en même temps le droit de les fortifier et de les régir à son gré ; de faire la guerre et la paix ; à l'exception de la pêche de la morue et de la baleine, qu'on rendit libre à tous les citoyens, tout le commerce qui pouvait se faire par terre ou par mer, lui fut cédé pour quinze ans. La traite du castor et des pelleteries, lui fut accordée à perpétuité.

À tant d'encouragements, on ajouta d'autres faveurs. Le roi fit présent de deux gros vaisseaux à la société, composée de 107 intéressés. Douze des principaux obtinrent des lettres de noblesse. On pressa les gentilshommes, le clergé même, de participer à ce commerce. La compagnie pouvait envoyer, pouvait recevoir toutes sortes de denrées, toutes sortes de marchandises, sans être assujettie au plus petit droit. La pratique d'un métier quelconque, durant six ans dans la colonie, en assurait le libre exercice en France. Une dernière faveur, fut l'entrée franche de tous les ouvrages qui seraient manufacturés dans ces contrées éloignées. Cette prérogative singulière, dont il n'est pas aisé de pénétrer les motifs, donnait aux ouvriers de la Nouvelle-France, un avantage incomparable sur ceux de l'ancienne, enveloppés de péages, de lettres de maîtrise, de frais de marque, de toutes les entraves que l'ignorance et l'avarice y avaient multipliées à l'infini.

Pour répondre à tant de preuves de prédilection, la compagnie qui avait un fonds de cent mille écus, s'engagea à porter dans la colonie, dès l'an 1628, qui était le premier de son privilège, deux ou trois cents ouvriers des professions les plus convenables, et jusqu'à seize mille de l'un et l'autre sexe avant 1643 [1]. Elle devait les loger, les nourrir, les entretenir pendant trois ans, et leur distribuer ensuite une quantité de terres défrichées, suffisante pour leur subsistance, avec le blé nécessaire pour les ensemencer la première fois (Raynal). Les colons devaient être Français et catholiques. Richelieu, le Maréchal Defiat, le commandeur de Razilli et Champlain étaient au nombre de ses membres ; le reste se composait de nobles, de négociants et de bourgeois des principales villes du royaume.

Une association revêtue d'aussi grands privilèges, et formée de tant de personnes riches et puissantes, ayant pour chef le premier ministre du roi, réveilla les espérances de tous les amis des colonies. En effet le succès ne parut plus douteux. Elle prit sur le champ des mesures pour secourir Québec, menacé de la famine. Plusieurs navires furent équipés et mis sous les ordres de Roquemont, l'un des associés. Quantité de familles et d'ouvriers, pleins d'espoirs et de courage, s'embarquèrent pour le Canada avec des provisions de toute espèce. Cet armement mit à la voile en 1628 ; mais il ne devait pas parvenir à sa destination.

Après la destruction de Port-Royal par Argall, les Anglais abandonnèrent l'Acadie. Ce ne fut que huit ans après, en 1631, que le chevalier Guillaume Alexander, obtint de Jacques I la concession de cette province pour y établir des Écossais. Cette concession embrassait tout le pays situé à l'est d'une ligne tirée depuis la rivière Sainte-Croix jusqu'au fleuve Saint-Laurent, dans la direction du

---

1. Charlevoix et Raynal disent 16000 ; mais l'acte de l'établissement de la compagnie dit 4000. Voyez *Édits et ordonnances*, p. 3.

nord. Cette contrée reçut le nom de *Nouvelle-Écosse*. C'est ainsi que l'on donna naissance à la confusion qui causa tant de difficultés dans la suite entre la France et l'Angleterre, l'une soutenant que la Nouvelle-Écosse et l'Acadie étaient deux noms qui désignaient une seule et même province ; l'autre, qu'ils désignaient deux pays distincts, parce que les limites de chacun n'étaient pas semblables.

L'année suivante, le chevalier Alexander envoya des émigrants pour prendre possession du pays ; mais ils partirent si tard qu'ils furent obligés de passer l'hiver à Terreneuve. Ils abordèrent au printemps de 1623 au Cap-Breton ; et de là côtoyant l'Acadie, ils arrivèrent après avoir visité deux ou trois ports, au cap de Sable, où ils trouvèrent les Français qui n'avaient pas cessé d'occuper la contrée depuis l'invasion d'Argall, et quantité d'aventuriers qui s'étaient joints à eux. Ils n'osèrent débarquer, et revinrent en Angleterre, où ils firent la peinture la plus exagérée de la beauté et de la salubrité de l'Acadie ainsi que de la fertilité du sol. L'on crut sur leur parole que c'était un vrai paradis terrestre. Il y eut un instant d'engouement. Le chevalier Alexander se hâta de faire confirmer sa concession par Charles I, qui fonda aussi l'ordre des chevaliers baronnets de la Nouvelle-Écosse, dont le nombre ne devait point excéder cent cinquante. Cette chevalerie nouvelle fut pendant longtemps l'objet des railleries des plaisants, qui la ridiculisèrent dans leurs écrits et dans leurs discours. Pour pouvoir y être admis, il fallait travailler à l'établissement de la Province. Cette condition remplie, le candidat obtenait une concession de terre assez considérable, et un certificat du gouverneur, qui lui donnait le droit de recevoir les honneurs de la chevalerie, dont les lettres patentes devaient être confirmées par le parlement. Aujourd'hui elles sont expédiées dans la même forme que celles des autres ordres ; et le nombre des chevaliers n'est plus limité.

La guerre entre les catholiques et les huguenots se ralluma en France. Buckingham, qui était à la tête du cabinet de Londres, plein de présomption, et aussi jaloux de Richelieu qu'il lui était inférieur en génie, ne manqua point l'occasion de secourir ces derniers, reculés dans la Rochelle, et de montrer ainsi sa haine contre le cardinal. Il vint avec une armée formidable pour faire lever le siège de cette ville, et envahir la France, se vantant d'aller dicter la paix à Paris. Mais son armée ayant été battue dans l'île de Rhé, il eut la mortification d'être obligé de se retirer, et de voir triompher son rival. La guerre ainsi commencée entre les deux couronnes plus par vengeance personnelle que par intérêt d'État, fut portée en Amérique.

Le chevalier Alexander, devenu ensuite comte de Sterling, encouragé par la cour, saisit ce moment de reconquérir l'Acadie, avec l'aide du chevalier David Kirtk, calviniste français, natif de Dieppe. Dix-huit vaisseaux sortirent des ports d'Angleterre pour fondre à la fois sur tous les établissements de la Nouvelle-France. Kirtk, suivi de plusieurs réfugiés de sa nation, et entre autres du capitaine Michel, associé de de Caen, et qui commandait en second sous lui, fut chargé de prendre Québec. Il s'empara dans le golfe Saint-Laurent d'un des navires de la nouvelle société, et de plusieurs autres bâtiments qui y faisaient la traite et la pêche. Rendu à Tadoussac, il écrivit le 8 juillet 1628, une lettre très-polie à Champlain, dans laquelle il lui disait qu'il était informé de la disette qui régnait dans la colonie ; que, comme il gardait le fleuve avec ses vaisseaux, il ne devait pas attendre de secours, et que s'il rendait la place, il lui accorderait les conditions les plus favorables. Il envoya porter cette lettre par des Basques, enlevés dans le golfe, et qui étaient chargés de lui remettre les prisonniers faits à la ferme du Cap-Tourmente incendiée par un détachement qu'il avait envoyé pour cela.

Champlain qui avait appris la veille l'arrivée de Kirtk, jugea, après avoir lu sa sommation, qu'il menaçait de trop loin pour être à craindre; et il lui fit une réponse si fière qu'en effet l'amiral anglais n'osa pas venir l'attaquer. En même temps pour dissimuler la disette qui régnait dans la ville, il fit faire bonne chère aux envoyés qu'il garda jusqu'au lendemain. Les habitants étaient alors réduits chacun à sept onces de pois par jour, et il n'y avait pas 50 livres de poudre dans les magasins. Kirtk n'aurait eu qu'à se présenter devant la place pour s'en rendre maître; mais trompé par l'attitude de Champlain, il brûla toutes les barques et autres petits vaisseaux qu'il y avait à Tadoussac, et regagna le bas du fleuve.

Dans le même temps Roquemont, comme nous l'avons déjà dit plus haut, parti de France après la conclusion de la paix, et qui ne s'attendait probablement pas à rencontrer d'ennemis, entrait dans le golfe où il apprit des Sauvages que Québec était tombé aux mains des Anglais. À cette nouvelle, il dépêcha sur le champ onze hommes dans une embarcation avec ordre de remonter jusqu'à cette ville pour s'assurer de la vérité de ce rapport. Cette barque s'était à peine éloignée, qu'il aperçut six vaisseaux ennemis, et le lendemain entendit une canonnade. C'était Kirtk qui en était venu aux mains avec Roquemont dont les bâtiments plus petits, pesamment chargés et manœuvrant difficilement, furent pris avec tous les colons qu'il y avait dessus. Ce capitaine oubliant qu'il portait toute la ressource d'un colonie prête à succomber, loin de chercher à éviter le combat, parut vouloir le désirer. Son imprudente ardeur laissa Québec en proie à la famine, et fut cause de sa reddition l'année suivante. Tel fut le résultat de cette expédition qui devait sauver le Canada, et qui, abandonnée aux soins d'un chef inexpérimenté, accéléra sa ruine.

Le gouverneur, auquel le rapport de la barque détachée par Roquemont, avait fait pressentir la perte des secours qui lui étaient envoyés par la nouvelle compagnie, ne fut point cependant découragé par ce malheur, aggravé encore par le manque des récoltes. Il prit des mesures pour faire durer ce qui lui restait de vivres aussi longtemps que possible. Il acheta du poisson, que les Indiens, profitant de sa situation, lui firent payer bien cher, et renvoya une partie de ses gens chez les Sauvages afin de diminuer le nombre de bouches durant l'hiver qui approchait.

Au moyen de ces arrangements, l'on put à force de privations atteindre le printemps. Dès que la neige fut disparue tous ceux qui étaient encore en état de marcher, se mirent à courir les bois pour ramasser quelques racines pour vivre. Beaucoup cependant ne pouvaient suffire à en trouver assez pour satisfaire les demandes de leurs familles épuisées par la faim. Champlain, ne se traitant pas mieux que le plus misérable des colons, donnait l'exemple de la patience et excitait tout le monde à supporter avec courage des souffrances qui devaient, sans doute, bientôt finir.

Chacun avait l'espoir que des secours seraient envoyés de France dès le petit printemps ; de fait l'on n'avait aucun doute à cet égard. Dès que le fleuve fut libre de glaces, la population impatiente et les yeux tournés vers le port, s'attendait donc à les voir paraître à tout moment. Mais aucun navire ne se montrait. L'on resta dans cette pénible anxiété jusqu'au mois de juillet, en proie à une famine qui allait toujours croissant, car les racines qu'on allait chercher jusqu'à plusieurs lieues, devinrent extrêmement rares. Enfin trois vaisseaux parurent derrière la Pointe-Levy. La nouvelle s'en répandit immédiatement avec la rapidité de l'éclair ; mais la joie qu'elle causa ne fut pas de longue durée, car bientôt l'on reconnut avec douleur un drapeau ennemi au bout des mâts. Cependant, dans l'état auquel on était réduit, personne ne songea à se défendre. Louis et Thomas Kirtk qui commandaient cette escadre, furent reçus plutôt comme des libérateurs que comme des ennemis. Les préliminaires de la capitulation ne furent pas longs. La ville fut rendue le 29 juillet 1629 ; et aussitôt les provisions y abondèrent. Les conditions accordées à la colonie et le bon traitement que les habitants éprouvèrent de la part de Louis Kirtk, les déterminèrent à y rester pour la plupart. La population de Québec ne dépassait pas alors cent âmes.

L'amiral David Kirtk était resté à Tadoussac avec le gros de son escadre, qui était composée, réunie, des trois bâtiments qui avaient pris Québec, portant 22 canons, et de cinq vaisseaux de trois à quatre cents tonneaux, montés, chacun de cent vingt hommes.

Louis, son frère, resta chargé du commandement de la ville. Champlain descendit avec Thomas à Tadoussac, en route vers l'Europe. En descendant, ils rencontrèrent de Caen qui arrivait de France avec des provisions et qui ne pouvant les éviter fut pris après un combat opiniâtre. Le chevalier Kirtk fit voile en octobre pour l'Angleterre, où Champlain débarqua, afin de rendre compte à l'ambassadeur de France de ce qui s'était passé en Amérique, et de le presser de réclamer Québec, dont on s'était emparé deux mois après la conclusion de la paix. Kirtk, en arrivant à Plymouth, apprit que les différends entre les deux cours étaient réglés. Mais il paraît qu'il en avait été informé avant la prise de Québec. Croyant y trouver de riches dépouilles, il avait feint de l'ignorer pour tomber à l'improviste sur cette ville laissée sans défense. Il fut bien étonné de voir qu'il ne s'était emparé que d'un rocher habité par une centaine d'habitants épuisés par une longue famine, et à qui il fallait commencer par donner de quoi vivre. N'ayant presque rien trouvé non plus dans le magasin de pelleteries, tout le fruit de sa mauvaise foi fut de s'être ruiné, sans avoir même été utile au prince qu'il servait.

Cependant la prise de Québec n'entraîna pas la perte de toute la Nouvelle-France, car plusieurs points étaient encore occupés par les Français en Acadie ; l'île du Cap-Breton avait été reconquise plutôt que perdue. La compagnie avait donné ordre à Roquemont avant de partir d'aller à Brouage, ou à la Rochelle, se mettre sous la protection de l'escadre du commandeur de Rasilli, qui devait le convoyer jusqu'en Canada. Mais la paix ayant été conclue sur ces entrefaites, le Commandeur avait été envoyé contre le Maroc dont l'empereur avait mécontenté la France ; et les bâtiments de la compagnie, après l'avoir attendu quarante jours, partirent sous les ordres du capitaine Daniel, en juin. Sans ce délai, Québec eut été ravitaillé et renforcé avant l'arrivée de Kirtk. Une tempête dispersa sur les bancs de Terreneuve, les vaisseaux de Daniel qui se trouva seul. Comme il approchait de la terre, un navire anglais vint se mettre le long de lui à portée de pistolet avec l'intention de l'attaquer ; mais lorsqu'il eut aperçu 16 pièces de canon en batterie sur le pont de Daniel, il voulut vainement s'esquiver ; celui-ci l'accrocha et le prit à l'abordage sans difficulté.

Il cingla ensuite vers le Grand-Cibou, sur la côte orientale du Cap-Breton, pour avoir des nouvelles de Québec. Il apprit là d'un capitaine de Bordeaux, que lord Jacques Stuart, ayant sous ses ordres trois vaisseaux, s'était emparé deux mois auparavant d'un bâtiment pêcheur de Saint-Jean-de-Luz; et qu'il l'avait envoyé avec deux des siens à Port-Royal; que lui-même, resté avec un vaisseau, avait construit un fort au port aux Baleines, prétendant que l'île du Cap-Breton appartenait à la Grande-Bretagne. À cette nouvelle Daniel résolut sur le champ de s'emparer du fort de Stuart, et de remettre l'île sous la domination française. Il arriva devant la place dans le mois de septembre, et débarqua à la tête de cinquante-trois hommes complètement armés et munis d'échelle pour l'escalade. L'attaque fut vive et la garnison se défendit avec un grand courage; mais les portes ayant été enfoncées à coups de hache, Daniel y pénétra un des premiers et fit le capitaine Stuart prisonnier avec une partie de ses gens. Dans le même temps un drapeau blanc s'élevait sur une autre partie du rempart.

Daniel rasa le fort et en fit bâtir un autre à l'entrée de la rivière du Grand-Cibou, qu'il arma de 8 pièces de canon. Il y laissa une garnison de 38 hommes avec les P. P. Vimont et Vieuxpont, Jésuites. Mettant ensuite à la voile pour la France, il débarqua en passant à Falmouth quarante-deux de ses prisonniers et emmena le reste au nombre d'une vingtaine avec leur chef, à Dieppe[1].

Le capitaine Stuart formait probablement partie de la flotte de l'amiral Kirtk, qui, au rapport d'Haliburton, soumit le Cap-Breton sans éprouver de résistance, et y bâtit un fort avant de remonter le Saint-Laurent.

---

1. Champlain: mémoire à la fin de l'édition de 1632.

Tandis que Kirtk s'emparait de Québec, et que son lieutenant perdait le Cap-Breton, l'extrémité sud de l'Acadie repoussait les attaques de deux vaisseaux de guerre commandés par Claude de la Tour, protestant français récemment passé au service de l'Angleterre.

Cet homme d'un esprit entreprenant et qui possédait une grande fortune, avait été fait prisonnier sur un des navires de Roquemont et conduit à Londres où il avait été fort bien accueilli à la cour. Il y épousa une des dames d'honneur de la reine, et fut fait baronnet de la Nouvelle-Écosse. Tant de marques de bienveillance achevèrent d'éteindre le reste d'attachement qu'il avait pour sa patrie. Ayant obtenu la concession d'une très-grande étendue de terre sur la rivière Saint-Jean, il prit des arrangements avec le chevalier Alexander pour y établir des colons écossais, et en même temps pour amener la soumission de son fils qui commandait un fort au cap de Sable.

Pour l'exécution de ce dernier dessein, l'on mit deux vaisseaux de guerre sous ses ordres et il partit avec sa nouvelle épouse pour l'Acadie. Rendu au cap de Sable, il eut une entrevue avec son fils, dans laquelle il lui peignit la réception flatteuse qu'on lui avait faite en Angleterre, les honneurs dont on l'avait comblé, et les nombreux avantages qui l'attendaient lui-même, s'il voulait passer au service de la Grande-Bretagne et placer son fort sous le sceptre de cette puissance. Dans ce cas, ajouta-t-il, je suis autorisé à vous en conserver le commandement, et à vous conférer de plus l'ordre d'une chevalerie. À cette proposition inattendue, le jeune de la Tour fit une réponse pleine de noblesse. Si l'on m'a cru, dit-il, capable de trahir mon pays même à la sollicitation de l'auteur de mes jours, l'on s'est étrangement trompé. Je n'achèterai pas les honneurs qu'on m'offre au prix d'un crime. Je sais apprécier l'honneur que veut me faire le roi d'Angleterre ; mais le prince que je sers est assez puissant pour payer mes services, et dans tous les cas ma fidélité me tiendra lieu de récompense. Le roi mon maître m'a confié cette place, je la défendrai jusqu'à mon dernier soupir. Le père désappointé par cette réponse à laquelle il ne s'attendait pas, retourna à bord de ses navires.

Le lendemain il adressa à son fils une lettre écrite dans les termes les plus pressants et les plus tendres, sans plus de succès ; il employa alors la menace qui fut aussi inutile. Ayant échoué dans toutes ses ouvertures pacifiques, il fut contraint de recourir à la force, et ayant fait débarquer ses soldats avec un corps de matelots, il attaqua le fort avec une extrême vivacité. Repoussé une première fois, il renouvela ses attaques pendant deux jours avec un acharnement inouï, jusqu'à ce qu'enfin ses troupes rebutées refusassent de s'exposer davantage. Force lui fut de les faire rembarquer, confus et mortifié d'avoir subi une défaite en combattant et contre son propre sang et contre sa patrie.

N'osant reparaître ni en France, ni en Angleterre, il resta en Acadie avec son épouse qui ne voulut pas l'abandonner dans ses malheurs. Son fils craignant de l'admettre dans le fort, eut cependant pitié de lui ; il lui fit bâtir une petite maison très-proprement meublée à côté de lui, sur le bord de la mer, où il demeura quelques années. Il y fut visité en 1635 par l'auteur de la description géographique etc. des côtes de l'Amérique septentrionale, M. Denis.

Le chevalier Alexander, qui était son ami, le chargea de reprendre la colonisation de Port-Royal, où arrivèrent quelques émigrants écossais. Il en mourut trente du scorbut dès le premier hiver. Découragé par les dépenses énormes qu'entraînait l'établissement de cette province,

Alexander la céda toute entière, excepté Port-Royal, à la Tour à la charge de relever de la couronne d'Écosse (1631).

À peu près dans le même temps, la compagnie des cent associés expédiait deux navires pour secourir le fort du Grand-Cibou au cap Breton ; et deux autres chargés de colons pour le cap de Sable. Ainsi la France et l'Angleterre travaillaient, chacune de son côté, à l'établissement de l'Acadie.

Cependant l'invasion du Canada après la conclusion de la paix, fit d'abord jeter les hauts cris aux Français, parce que l'on crut l'honneur du royaume engagé ; mais après réflexion, une partie du conseil opina pour ne pas demander la restitution de Québec, disant que l'on n'avait rien perdu en perdant ce rocher, que le climat y est trop rigoureux, que l'on ne pourrait peupler un pays si vaste sans affaiblir le royaume ; et de quelle utilité serait-il si l'on ne le peuplait pas ? L'Asie et le Brésil ont dépeuplé le Portugal ; l'Espagne voit plusieurs de ses provinces presque désertes depuis la conquête de l'Amérique. Charles V, avec tout l'or du Pérou, n'a pu entamer la France, tandis que François I, son rival, a trouvé dans ses coffres de quoi tenir tête à un prince dont l'empire était plus vaste que celui des premiers Césars ; cherchons plutôt à améliorer la France, disait le parti de l'abandon [1].

L'on répondit à ces raisons que le climat du Canada est sain, le sol très fertile et capable de fournir toutes les commodités de la vie ; que c'était la retraite des Maures qui avait épuisé la péninsule espagnole d'hommes ; qu'il ne fallait faire passer qu'un tout petit nombre de familles et de soldats réformés tous les ans dans la Nouvelle-

1. Charlevoix.

France ; que la pêche de la morue était capable d'enrichir le royaume, et que c'était une excellente école pour former des matelots ; que les forêts les plus belles de l'univers pourraient alimenter la construction des vaisseaux ; enfin, que le seul motif d'empêcher les Anglais de se rendre trop puissants en Amérique, en joignant le Canada à tant d'autres provinces où ils avaient déjà de bons établissements, était plus que suffisant pour engager le roi à recouvrer Québec, à quelque prix que ce fût.

Ces raisons, dont on avait déjà fait valoir plusieurs du temps de Jacques Cartier, ne persuadèrent pas tout le conseil. Il n'y eut que des motifs d'honneur et de religion qui déterminèrent Louis XIII à ne point abandonner le Canada. Peut-être aussi que l'orgueil du ministre qui gouvernait la France, et qui regardait l'irruption des Anglais, comme son injure personnelle, étant à la tête de la compagnie, fit-il changer d'avis comme l'avance Raynal. Quoiqu'il en soit, le roi d'Angleterre en promit la restitution ; mais Richelieu voyant cette affaire traîner en longueur, afin d'activer les négociations, fit armer six vaisseaux qu'il mit sous les ordres du commandeur de Rasilli. Cette démonstration eut son effet ; et par le traité de Saint-Germain-en-Laye, signé le 29 mars 1632, l'Angleterre abandonna tous ses droits sur les provinces qui composaient la Nouvelle-France. De ce traité malheureux, dit Chalmers, l'on peut dater le commencement d'une longue suite de calamités pour la Grande-Bretagne et pour ses colonies, et les difficultés provinciales qui s'élevèrent plus tard, et en quelque sorte le succès de la révolution américaine.

Il reste à faire une observation sur la conduite des protestants français dans cette guerre. Si les persécutions dont ils étaient l'objet doivent être réprouvées, ils ne sont pas moins condamnables eux-mêmes, pour avoir porté les armes contre leur patrie. Le récit de cette guerre nous montre continuellement des Français armés contre des Français, dépouillant la France au profit de ses ennemis, avec une espèce d'enivrement et à l'envi les uns des autres.

Richelieu, en excluant les Huguenots du Canada, commit, sans doute, un acte de criante tyrannie; mais leur conduite ne l'autorisait-elle pas, ou du moins ne lui donnait-elle pas, un prétexte plausible d'en agir ainsi. Elle ajoutait de la force aux assertions des catholiques qui ne cessaient de répéter qu'il n'y avait pas de sûreté à les laisser s'établir dans le voisinage des colonies protestantes anglaises, parce qu'à la moindre difficulté avec le gouvernement, ils se joindraient à elles: le chevalier Claude de la Tour en était un exemple.

LIVRE II

DESCRIPTION DU CANADA
NATIONS INDIGÈNES

Noms donnés aux premières terres découvertes dans l'Amérique septentrionale. — Frontières des colonies mal définies : sujets de beaucoup de contestations. — Description du Canada. — Tableau des populations indigènes de l'Amérique du Nord, et en particulier des tribus du Canada. — Leur nombre. — Description de leur personne, de leurs vêtements, de leurs armes. — Leur manière de faire la guerre et la chasse. — Gouvernement des Sauvages. — Ils n'ont pas de religion. — Leurs devins. — Leur respect pour les morts : leurs funérailles. — Leurs fêtes. — Ils sont fort passionnés pour le jeu et peu pour les femmes ; mais très attachés à leurs enfants. — Éloquence figurée des Sauvages. — Formation de leurs langues ; ils ne connaissaient point les lettres ; caractère synthétique des langues indiennes. — Facultés intellectuelles de ces peuples. — Leur origine. — Descendent-ils de nations qui ont été civilisées ?

Lorsque les Européens visitèrent pour la première fois l'Amérique du Nord, n'ayant aucun nom pour désigner les diverses contrées où ils abordèrent, ils leur donnèrent l'appellation de terres neuves. Du temps de François I ce nom désignait tout aussi bien la Floride, le Canada, que le Labrador et l'île de Terreneuve qui seule l'a conservé en propre. À mesure que ces pays devinrent mieux connus, ils prirent des dénominations particulières qui servirent à les distinguer les uns des autres, mais qui furent souvent changées. D'ailleurs les limites des contrées qui les portaient, étaient incertaines et presque toujours confondues par les différentes nations : de là naquit la confusion qui, dans la suite, enfanta tant de difficultés entre la France, l'Angleterre et l'Espagne au sujet des frontières de leurs colonies.

Vers le commencement du dix-septième siècle le nom de Nouvelle-France fut donné à l'immense contrée qui embrassait le Canada, la baie d'Hudson, le Labrador, le Nouveau-Brunswick, la Nouvelle-Écosse et une portion des États-Unis [1]. À cette époque la péninsule de la Nouvelle-Écosse commença à porter le nom de Cadie ou Acadie ; et celui du Canada fut conservé au pays que nous habitons, mais avec des bornes plus étendues dans toutes les directions.

La Nouvelle-France, avant la découverte du Mississipi, à la vallée duquel ce nom s'étendit ensuite, embrassait donc tout le bassin du Saint-Laurent et tout celui de la baie d'Hudson. Ce dernier fleuve qui a plus de sept cents lieues de cours et qui se jette dans l'Océan par un golfe qui est lui-même une mer, prend sa source sous le nom de rivière Saint-Louis, par le 48e ° 30' de latitude nord et le 93e ° de longitude ouest [2], sur le grand plateau central, où naissent aussi le Mississipi qui coule vers le sud,

---

1. Lescarbot lui donne une bien plus grande étendue. « Notre Nouvelle-France, dit-il, a pour limites du côté d'ouest les terres jusqu'à la mer dite Pacifique au-deça du tropique du Cancer ; au midi les îles de la mer Atlantique ; au levant la mer du Nord ; et au septentrion cette terre qui est dite inconnue, vers la mer glacée jusqu'au pôle Arctique. » Mais ces limites étaient plus imaginaires que réelles, puisque l'on ne connaissait pas alors même la vallée entière du Saint-Laurent.

2. Bouchette : *Possessions britanniques dans l'Amérique septentrionale.*

et les rivières qui versent leurs eaux vers le nord dans la baie d'Hudson. Le bassin, ou la vallée que le Saint-Laurent parcourt, faisant un coude au midi pour embrasser le lac Érié, s'élève par gradins de la mer au plateau dont on vient de parler, et qui, comme le reste des régions septentrionales de ce continent, a peu d'élévation. Le lac Supérieur, presque de niveau avec ce plateau, n'est qu'à six cent vingt-sept pieds au-dessus de l'Océan[1]. L'inclinaison longitudinale du bassin, plus considérable vers le haut, diminue graduellement jusqu'à la mer.

Il est borné vers le nord par la chaîne des Laurentides, montagnes qui séparent les eaux qui se versent dans le Saint-Laurent de celles qui tombent dans la baie d'Hudson[2]. Cette chaîne, qui sort du Labrador, se prolonge jusqu'au dessus du lac Supérieur; et ses rameaux couvrent

---

1. Bayfield: *Géologie du lac Supérieur. Transactions de la Société littéraire et historique de Québec*, vol. I. Cet auteur en évalue la profondeur à 200 brasses; le fond en serait alors à près de 600 pieds au-dessous du niveau de l'Océan. On n'a pas pu atteindre le fond du lac Ontario, au centre, avec une sonde de trois cents brasses.

Voici quelles sont les hauteurs au-dessus de la mer des quatre principaux lacs du grand bassin du Saint-Laurent, et leur plus grande longueur et largeur, d'après Bouchette:

		Longueur	Largeur
Lac Supérieur,	627 pieds,	360 milles géogra.	140 m.g.
Lac Huron,	590 "	240 "	220
Lac Érié,	565 "	265 "	63
Lac Ontario,	231 "	172 "	59

2. Cette chaîne n'ayant pas de nom propre et reconnu, nous lui donnons celui de *Laurentides*, qui nous paraît bien adapté à celui de ces montagnes qui suivent une direction

et rendent stérile une grande étendue de pays, quoique cependant les vallées qui en séparent les nombreux mamelons, soient pour la plupart plus ou moins cultivables. Elle baigne ses pieds dans les eaux du Saint-Laurent au Cap-Tourmente, où elle a de 1500 à 2000 pieds de hauteur, traverse la rivière des Outaouais au-dessus du lac des Chats et forme la rive septentrionale du lac Huron. Les Alleghanys dont l'on voit très-bien la cime des hauteurs de Québec, limitent ce bassin au sud jusqu'au lac Champlain. Cette chaîne de montagnes, dont le versant oriental jette ses eaux dans l'océan Atlantique, part du golfe Saint-Laurent, longe le sud du lac Champlain, traverse la rivière Hudson et se prolonge jusque dans la Virginie. Depuis le lac Champlain, cette limite est formée par les hautes terres dont les eaux coulent au sud dans le Mississipi.

Tout le Canada paraît être assis sur un vaste banc de granit qui forme la charpente des plus hautes montagnes, et se montre à nu sur le lac Supérieur et le lac Huron, à Kingston et dans plusieurs autres endroits du Haut-Canada; sur la rivière Saint-Maurice, à Beauport, à Tadoussac, à Kamouraska, au Labrador, etc. Ces granits portent des couches de différentes espèces de roches, dont les plus abondantes sont les schistes[1], les calcaires, les grès, comme la grauwacke, etc., etc.

---

parallèle au Saint-Laurent. Un nom propre est nécessaire afin d'éviter les périphrases toujours si fatigantes et souvent insuffisantes pour indiquer une localité, un fleuve, une montagne, etc. Quant à l'euphonie, nous espérons que le nom que nous avons choisi satisfera l'oreille la plus délicate, et formera une rime assez riche pour le poète qui célébrera les beautés naturelles de notre patrie.

1. Québec est bâti sur un banc de schiste argileux auquel s'adosse vers le Cap-Rouge une couche de grauwacke. Beauport

Le Canada est riche en minerais de fer. Deux mines sont exploitées, celle des Trois-Rivières, dont le fer est supérieur à celui de la Suède, et celle de Marmora, dans le Haut-Canada. Le cuivre, le zinc, le plomb, le titane et le mercure s'y montrent quelques fois, mais en petites quantités ; mais des explorations et des études plus rigoureuses que celles qu'on a faites jusqu'à présent, augmenteront beaucoup sans aucun doute nos richesses métalliques. Le gouvernement français a donné plus d'attention à ce sujet que le gouvernement actuel ; mais les rapports de ses explorateurs ne sont pas venus jusqu'à nous. Cependant il n'y a aucun doute qu'ils avaient découvert la plus grande partie des mines mentionnées aujourd'hui par nos géologues. La plupart des ces mines n'attendent que la main de l'industrie pour être utilisées [1].

---

présente d'abord un calcaire reposant sur une strate mince de roche élastique (conglomérats) qui est appuyée elle-même sur le gneiss, ou granit schisteux. Voir pour la géologie du pays *La Bibliothèque canadienne*, vol. 1, p. 9, 41, 73, et les *Transactions de la Société litt. et hist. de Québec*, etc.

1. Voici la liste abrégée des différentes espèces de métaux trouvées jusqu'à présent au Canada, principalement dans les localités dont suivent les noms :

FER

Le fer magnétique ou oxidulé. Baie Saint-Paul, Batiscan, (Saint-Maurice, *sable ferrugineux*), Marmora (H.C.), etc., etc.

Le fer hydroxydé (ocre jaune). Lac Calvaire, Saint-Augustin, lac Huron, lac Supérieur, etc., etc. (*le limoneux ou de marais*) Baie Saint-Paul, Champlain, Marmora, et en plusieurs autres endroits du Bas et du Haut-Canada.

Le fer carbonaté. Cap-Rouge, Marmora, etc., etc.

Le sol de ce pays est généralement fertile, surtout dans la partie supérieure où le climat est tempéré et où l'on trouve d'immenses plaines à céréales. Dans la partie inférieure la température est beaucoup plus froide, et les Alleghanys et les Laurentides avec leurs nombreux rameaux occupent, particulièrement les dernières, un vaste territoire qui diminue considérablement la surface cultivable. Ainsi la grande et pittoresque contrée du Saguenay est traversée du nord au sud à peu près par un rameau de cette dernière chaîne de montagnes, qui descend jusqu'au fleuve. Dans quelque révolution physique, ce rameau s'est fendu en deux dans sa longueur, pour donner passage à une rivière très profonde, et bordée de chaque côté par des

---

Le sulfure de fer (pyrites). Dans un grand nombre d'endroits du Bas et du Haut-Canada.

L'oxyde de manganèse ferreux. Sillery, près de Québec.

CUIVRE

Le cuivre natif. Lac Supérieur, côté sud.

Le sulfure de cuivre. Cuivre pyriteux. En plusieurs lieux du Haut-Canada ; lac Huron, lac Supérieur, etc., en petites quantités.

Le cuivre carbonaté (vert). Lac Supérieur, etc.

ZINC

Le sulfure de zinc (blende noire et jaune). Lac Ontario, etc.

PLOMB

Le sulfure de plomb (galène). Rivière Nicolet, et en quelques autres localités du Bas et du Haut-Canada.

Pour de plus amples détails, voir l'*Essai sur les minéraux métalliques des Canadas*, par le lieutenant Baddeley. I. R : Transaction de la Société littéraire et historique de Québec, vol. II.

parois verticales d'une grande hauteur formées par cette brisure. Rien n'est à la fois plus grandiose et plus sauvage que ces rives hardies et tourmentées ; mais elles n'acquièrent ce caractère qu'aux dépens de leur vertu fertilisante. C'est encore à un des rameaux de cette chaîne, qui court en remontant le long du fleuve depuis Prescott jusqu'à la baie de Quinté sur le lac Ontario, sans jamais s'élever beaucoup au-dessus du sol, que l'on doit attribuer le peu de fertilité de cette partie de la province supérieure. En revanche, dans les contrées montagneuses les vallées sont arrosées par de nombreux cours d'eau qui les fertilisent, et qui contribuent puissamment à cette croissance rapide de la végétation canadienne, si remarquable sur le bas Saint-Laurent.

Le bassin du Saint-Laurent ayant, comme on l'a dit, la forme d'un angle dont le sommet est tourné vers le midi, ses deux extrémités qui se terminent à peu près dans la même latitude, possèdent aussi le même climat. Le maximum du froid est à Québec de 30 degrés sous zéro et quelquefois plus, et du chaud de 97 à 103 au-dessus, thermomètre de Fahrenheit. La température de l'hiver s'adoucit jusqu'à l'extrémité supérieure du lac Érié. Sous le 42e de latitude, l'extrême du froid est de 20 degrés sous la glace, mais cela est rare ; et de la chaleur de 103 au-dessus. L'on voit que quant à la chaleur il n'y a pas de différence sensible ; mais elle ne dure pas si longtemps dans le Bas-Canada que vers le centre du Haut. Au reste, la différence du climat entre ces deux parties du pays se comprendra encore mieux en comparant leurs productions et la longueur de leurs hivers.

Les parties habitées des deux Canadas, dit Bouchette, sont situées entre le 42e et le 48e degré de latitude nord ; et si d'autres causes que celle de leur distance de l'équateur et du pôle, n'exerçaient pas d'influence sur leur température, elles devraient jouir d'un climat analogue à celui de l'Europe centrale et méridionale, tandis qu'au contraire le froid et la chaleur y sont beaucoup plus considérables. À Québec (latitude 46^{e}48′49″), les pommes viennent en abondance, mais les pêches et le raisin ne réussissent pas ; à Montréal (latitude 45^{e}30′), ces fruits parviennent à leur maturité. Mais à Toronto et plus au sud, les pêches, le raisin et l'abricot atteignent toute leur perfection. On peut ajouter que l'Acacia qui ne peut résister au climat de Québec en pleine terre, commence à se montrer à Montréal et devient plus commun à mesure que l'on approche du Détroit.

Dans le Bas-Canada, l'hiver commence vers le 25 novembre à Québec et dure jusque vers le 25 avril, que l'on reprend les travaux des champs ; et la neige qui demeure sur la terre de 5 mois à 5 mois et demi, et quelquefois plus, atteint une hauteur de trois à quatre pieds dans les bois. À Montréal l'hiver dure 3 à quatre semaines de moins, et il y tombe aussi moins de neige. Enfin dans la partie méridionale du Haut-Canada l'hiver est beaucoup plus court ; les traîneaux n'y servent que deux mois, et souvent moins, pendant que l'usage est général dans le Bas cinq mois et plus.

Mais partout dans cette vaste contrée, sous le ciel rigoureux du Bas-Canada, ou sur les bords plus favorisés du Haut, l'air est salubre et agréable en été. L'excès du froid sur le bas Saint-Laurent paraît dû, moins à la hauteur de sa latitude, qu'à l'absence de montagnes très-élevées du côté du nord, et au voisinage de la baie d'Hudson dans laquelle les vents du pôle s'engagent pour venir déborder dans les régions de ce fleuve, en même temps qu'ils y arrivent saturés d'humidité et de froid des mers du Labrador. Cela paraît d'autant plus vraisemblable qu'à l'ouest des Alleghanys, le nord-est est plutôt sec qu'humide, parce que, dit Volney, ce courant d'air, là comme en Norvège, n'arrive qu'après avoir franchi un rempart de montagnes, où il se dépouille dans une région élevée des vapeurs dont il était gorgé[1].

Ces contrées si variées, si étendues, si riches en beautés naturelles, et qui portent, pour nous servir des termes d'un auteur célèbre, l'empreinte du grand et du sublime, étaient habitées par de nombreuses tribus nomades qui vivaient de chasse et de pêche, et formaient partie de trois des huit grandes familles indiennes qui se partageaient le territoire situé entre le Mississipi, l'Océan et la terre des Esquimaux.

Ces grandes familles sont les Algonquins, les Hurons, les Sioux, les Chérokis, les Catawbas, les Uchées, les Natchés et les Mobiles. Elles sont ainsi divisées d'après les langues qu'elles parlent et que l'on a appelées mères, parce qu'elles n'ont aucune analogie entre elles, et qu'elles ont un grand nombre de mots imitatifs qui peignent les choses par le son. Tous les idiomes des diverses

---

1. Le pic le plus élevé de ces montagnes dans l'État de la Nouvelle-York, a 3549 pieds de hauteur, celui de Killington dans l'État de Vermont, a 3454 pieds; et la hauteur des montagnes Blanches dans le New-Hampshire, est estimée à 7800 pieds.

Les Laurentides sont encore moins élevées. Le Cap-Tourmente n'a qu'environ 2000 pieds d'élévation; et le rameau qui paraît s'être ouvert longitudinalement et au centre duquel coule le Saguenay, a une hauteur de 200 à 1000 pieds. Le capitaine Bayfield dit que la montagne la plus élevée de cette chaîne sur le lac Supérieur, n'a pas plus de 2100 pieds au-dessus du niveau de la mer.

tribus sauvages dans les limites de ce territoire, dérivent de ces huit langues ; et généralement tous ceux qui parlaient des idiomes de la même langue-mère, s'entendaient entre eux, quelqu'éloignées les unes des autres que fussent d'ailleurs leurs patries respectives.

Cette grande agrégation d'hommes était ainsi disposée sur le sol de l'Amérique.

Les Mobiles possédaient toute l'extrémité sud de l'Amérique septentrionale, depuis la baie du Mexique jusqu'à la rivière Tenessée et le cap Fear. Les Uchées et les Natchés, peu nombreux, étaient enclavés dans cette nation ; les Natchés avaient un petit territoire borné par le Mississipi ; les Uchées étaient plus vers l'est, et joignaient les Chérokis. Le pays des Chérokis était également éloigné de la baie du Mexique que du lac Érié, de l'Océan que du Mississipi. Cette nation avait pour voisins les Mobiles et les Uchées au nord, et les Catawbas à l'est. Les Catawbas possédaient une contrée peu étendue au sud des Mobiles et à l'ouest des Chérokis. La grande famille Algonquine occupait près de la moitié de l'Amérique du nord, au levant du Mississipi. Son territoire joignant les Mobiles au sud, s'étendait dans le nord, jusqu'à celui des Esquimaux, sur la largeur qu'il y a du Mississipi à l'Océan[1]. La superficie en était de 60 degrés de longitude et de 20 de latitude.

Les Hurons, dont le véritable nom est Yendats, mais auxquels les Français donnèrent celui de Hurons, du mot *hure*, à cause de leur manière particulière de s'arranger les cheveux, se trouvaient au milieu d'elle sur les bords du lac Ontario, du lac Érié et du lac qui porte leur nom. Les

---

1. A. Gallatin : *A Synopsis of the Indian Tribes.*

Sioux dont la vaste contrée était à l'ouest du Mississipi, possédaient un petit territoire sur le lac Michigan au couchant. Ainsi comme la Nouvelle-France embrassait le Saint-Laurent et tous les lacs, elle renfermait une partie des peuples qui parlaient des dialectes des trois langues-mères, la Siouse, l'Algonquine et la Huronne. À partir du lac Champlain et du sud de la rivière des Outaouais en gagnant le nord, le dialecte Algonquin était parlé dans l'origine ; mais dans la suite, des migrations en sens contraire de peuples des deux autres dialectes, portèrent ces langues en diverses parties du Canada.

Les principales tribus de la langue Algonquine qui habitaient la Nouvelle-France étaient au sud du Saint-Laurent :

Les Micmacs, ou Souriquois, qui occupaient la Nouvelle-Écosse, Gaspé et les îles adjacentes. Ils étaient peu nombreux ; leur nombre n'a jamais dépassé 4000.

Les Etchemins : ils habitaient les contrées que baignent la rivière Saint-Jean, la rivière Sainte-Croix, et qui s'étendent au sud jusqu'à la mer.

Les Abénaquis étaient entre les Micmacs et les Etchemins, le Saint-Laurent, la Nouvelle-Angleterre et les Iroquois.

Les Sokokis vinrent des colonies anglaises se mettre sous la protection des Français au Canada ; ils étaient alliés aux Agniers.

Au nord du fleuve :

Les Montagnais habitaient les bords du Saguenay et du lac Saint-Jean, ainsi que les Papinachois, les Bersiamites, la nation du Porc-Épic, et plusieurs autres tribus.

Les Algonquins, ou Lenni-Jenappes proprement dits, étaient répandus depuis un peu plus bas que Québec jusqu'à la rivière Saint-Maurice. Une de leurs tribus était en possession de l'île de Montréal et de ses environs.

Les Outaouais erraient d'abord dans la contrée qu'arrose la rivière qui porte leur nom, au-dessus de Montréal, et s'étendirent ensuite jusqu'au lac Supérieur.

Les tribus de la langue Huronne étaient:

Les Hurons ou Yendats, qui résidaient sur les bords septentrionaux du lac Huron, du lac Érié et du lac Ontario, dont ils furent chassés bientôt après l'arrivée des Européens par les Iroquois. Ne pouvant leur résister, ils furent repoussés d'un côté vers le bas Saint-Laurent, de l'autre au-delà du lac Supérieur dans les landes arides qui séparaient les Chippaouais de leurs ennemis occidentaux. Ramenés ensuite par les armes puissantes des Sioux, on les vit au Sault-Sainte-Marie, à Michilimackinac et enfin près du Détroit.

La bourgade des Hurons de Lorette à 6 milles de Québec, est un des débris de cette nation jadis si puissante, et à laquelle les Iroquois ses vainqueurs, et plusieurs autres tribus devaient leur origine. Cette bourgade ne renferme à cette heure qu'un Huron pur sang; il est le fils d'un des chefs, et est conséquemment chef lui-même. Il est né pour avoir le malheur de survivre à sa nation.

Au sud du lac Érié, du lac Ontario et du fleuve Saint-Laurent jusqu'à la rivière Richelieu, dans le voisinage des Abénaquis, dominait la fameuse confédération Iroquoise. Le nom propre des Iroquois était *Agonnonsionni*: faiseurs de cabanes, parce qu'ils les faisaient plus solides que les autres. Le premier nom leur a été donné par les Français, et est formé du mot *Hiro*, avec lequel ils finissaient leurs discours, et qui équivaut à: *J'ai dit*, et de celui de *Koué*, cri de joie ou de tristesse, selon qu'il était prononcé long ou court. Cette confédération était composée des Agniers ou Mohawks, des Onnontagués, des Goyogouins, des Onneyouths et des Tsonnonthouans.

Les Ériés et les Andastes dominaient autrefois entre le lac Érié et les Iroquois ; mais il n'existait plus que quelques restes de ces deux nations infortunées au temps de la découverte du Canada, lesquels ne pouvant résister à leurs puissants voisins, furent bientôt après impitoyablement détruits.

Les contrées que baignent le lac Supérieur, le lac Michigan et le lac Huron étaient encore habitées ou fréquentées par les Nipissings, les Outaouais, les Miamis que refoulèrent vers le nord les Pouteouatamis venant du sud ; par les Illinois, les Chippaouais, les Outagamis ou Renards, peuple pillard et cruel, les Kikapous, les Mascontins, les Sakis, les Malhomines, les Osages, les Missouris, les Menomonis, toutes tribus de langue Algonquine, et enfin par les Kristinots ou Kilestinots de la langue siouse.

Une foule d'autres tribus appartenant soit à la famille des Sioux, soit à celle des Hurons, soit à celle des Algonquins, habitaient des contrées plus ou moins reculées, et venaient quelquefois se montrer aux missionnaires et aux trafiquants européens sur les bords des lacs pour se renfoncer ensuite dans les forêts et ne plus reparaître ; tandis que d'autres également inconnues venaient à main armée prendre la place de plus anciennes, qui étaient forcées de reculer et d'abandonner leur territoire [1].

---

1. Les recherches intéressantes de M. Gallatin, intitulées *A Synopsis of the Indian Tribes* contiennent de grands détails sur les diverses nations sauvages de l'Amérique septentrionale ; elles se trouvent dans le 2e volume des *Transactions of the American Antiquarian Society*.

Il serait impossible de pouvoir établir aujourd'hui quelle était la population indienne de la Nouvelle-France à l'époque de l'apparition de Cartier. Si l'on en jugeait d'après la variété des tribus, on serait porté à croire qu'elle était considérable; mais des calculs sur lesquels on peut se reposer avec confiance, la réduisent à un chiffre peu élevé. Les tribus sauvages ne sont jamais nombreuses. Quelques voyageurs s'en laissèrent d'abord imposer à cet égard par le langage métaphorique de ces peuples, qui étaient d'ailleurs accoutumés à regarder une bourgade de 1000 âmes, comme une ville considérable, et qui ne pouvaient encore indiquer ce nombre que par une expression figurée. C'est ainsi que longtemps encore après, en 1753, ils rapportèrent au colonel Washington, que les Français venaient l'attaquer avec une armée aussi nombreuse que les feuilles des forêts; et cette armée était composée de quelques centaines d'hommes.

Des évaluations de population ont été faites avec le plus grand soin pour les contrées situées entre le Saint-Laurent et le Mississipi. Ces calculs indiquent le chiffre de la population il y a deux cents ans, et ils sont plutôt au-dessus qu'au-dessous de la réalité. Ils portent la famille Algonquine, qui est de beaucoup la plus considérable, à 90 000 âmes; celle des Sioux orientaux à moins de 3000; celle des Hurons, y compris les Iroquois, à environ 17 000; celle des Catawbas à 3000; celle des Chérokis à 12 000; celle des Mobiles à 50 000; celle des Uchées à 1000, celle des Natchés à 4000. Ce qui donne seulement 180 000 âmes pour toute la population, preuve qu'elle était extrêmement dispersée[1]. En effet, les peuples chas-

1. Volney. *Tableau des États-Unis.*

seurs ont besoin d'immenses domaines ; et malgré la vaste étendue des forêts de l'Amérique, les tribus sauvages y manquaient souvent de subsistance, faute de trouver assez de gibier. D'ailleurs si la population eût été dense, comment les Iroquois qui ne comptaient que 2200 guerriers en 1660 [1], auraient-ils pu se promener en conquérants depuis la Caroline jusqu'au fond de la baie d'Hudson, et faire trembler au seul bruit de leur nom tous les peuples de ces contrées ?

Cartier ne vit dans tout le Canada que quelques rares bourgades, dont la plus considérable renfermait seulement cinquante cabanes ; et le plus grand rassemblement d'hommes qui eut lieu à Stadaconé dans l'hiver qu'il passa sur la rivière Saint-Charles, resta bien au-dessous de 1000. Il aperçut dans les autres parties du pays à peine çà et là quelques traces d'habitation. Joliet et le P. Marquette, Jésuite, parcoururent une grande partie du Mississipi sans rencontrer la présence d'un seul homme.

Nous avons dit que la comparaison des différents dialectes parlés dans l'Amérique septentrionale, à l'est de ce grand fleuve, avait fait découvrir huit langues-mères, et que l'on y avait divisé la population en autant de grandes familles. D'après ces huit divisions radicales d'une partie des hommes de la race rouge, qui sembleraient militer contre l'hypothèse d'une seule voie d'immigration asiatique par le nord-ouest de l'Amérique, ou peut-être même contre l'hypothèse de toute immigration quelconque, on s'attendrait à trouver aussi des différences entre eux tant sous le rapport physique que sous le rapport moral.

1. Les *Relations* des Jésuites pour 1659-60 n'en portent le nombre qu'à 1900.

Cependant il n'en est rien; et la plus grande similitude régnait à cet égard. La différence entre les Sauvages du Canada et ceux de la Floride était à peine sensible[1]. Leurs personnes, leurs mœurs, leurs institutions avaient le même caractère et la même physionomie. En traçant le portrait des uns l'on fait celui des autres.

Ils étaient tous en général d'une belle stature. Élevés et sveltes, indices de l'agilité plutôt que de la force, ils avaient cet air farouche que donnent l'habitude de la chasse et les périls de la guerre[2].

Les traits des Sauvages ne présentaient pas la même beauté. La figure plus ronde qu'ovale, le teint cuivré, ils avaient les pommettes des joues élevées et saillantes; leurs yeux noirs ou châtains, petits et enfoncés, brillaient dans leurs orbites. Le front étroit, ils avaient le nez plat, les lèvres épaisses, les cheveux gros et longs. Les hommes avaient peu de barbe et ils se l'arrachaient soigneusement à mesure qu'elle paraissait, tant ils en avaient horreur. C'était un usage universel en Amérique[3]. Les hommes difformes étaient extrêmement rares parmi eux. Ils avaient la vue, l'ouïe, l'odorat et tous les sens d'une sensibilité exquise.

---

1. Charlevoix. Volney prétend qu'il y a une différence notable dans les traits de chaque nation sauvage de l'Amérique septentrionale, cela peut être vrai; mais elle n'est pas assez grande pour faire dire que chacune d'elles sort d'une race distincte: elle est peut-être plus légère que celle qui distingue entre eux les peuples européens. Ce ne sont que des nuances du type de la race rouge.

2. Raynal.

3. Cela a été mis en doute; mais outre le témoignage des meilleurs voyageurs, j'ai l'assurance positive de M. Stanislas Vassal, que j'ai déjà nommé ailleurs.

La même ressemblance existait dans leurs vêtements, avec la différence que pouvait apporter celle des climats. L'été, ils allaient presque nus. L'hiver, ils ceignaient une peau d'élan ou d'autre bête sauvage, autour de leurs reins ; et une autre tombait de leurs épaules. Les griffes d'un ours formaient des agrafes dignes d'un chef de guerre à ces manteaux peints de diverses couleurs, et sur lesquels ils représentaient souvent l'histoire de leurs exploits. Des espèces de boyaux ou guêtres de peaux repassées, et ornées d'une broderie en poils de porc-épic, couvraient leurs jambes, tandis qu'une belle chaussure de peau de chevreuil, garantissait leurs pieds de la rigueur du froid. Cependant beaucoup d'entre eux au Canada se couvraient à peine le corps, même l'hiver, comme l'atteste Jacques Cartier.

Les femmes, couvertes jusqu'aux genoux, avaient un costume qui différait peu de celui des hommes, excepté qu'elles avaient la tête et les bras nus. Elles portaient des colliers de coquillages, dont elles distribuaient aussi des branches sur le devant de leurs vêtements resplendissant de couleurs brillantes, où le rouge prédominait.

C'est dans la manière de se parer que se distinguaient les Sauvages des diverses tribus. Ils se peignaient « le visage et le corps, soit pour se reconnaître de loin, soit pour se rendre plus agréables dans l'amour ou plus terribles dans la guerre. À ce vernis, ils joignaient des frictions de graisse de quadrupède ou d'huile de poisson, usage familier et nécessaire pour se garantir de la piqûre insoutenable des moucherons et des insectes qui couvrent tous les pays en friche[1]. » Ils se couvraient le corps de figures

1. Raynal.

d'animaux, de poissons, de serpents, etc., avec des couleurs très vives et variées selon leurs caprices. Ils aimaient beaucoup le vermillon. Les uns se peignaient le nez en bleu ; les sourcils, le tour des yeux et les joues en noir, et le reste de la figure en rouge ; les autres se traçaient des bandes rouges, noires et bleues d'une oreille à l'autre, et de plus petites sur les joues. Les hommes s'arrangeaient les cheveux diversement, tantôt relevés ou aplatis sur la tête, tantôt pendants par tresses. Ils y ajoutaient des plumes d'oiseaux de toutes sortes de couleurs, et des touffes de poils d'animaux, le tout placé de la manière la plus étrange. Ils portaient des pendants aux narines et aux oreilles, des bracelets de peaux de serpent aux bras ; des coquilles leur servaient de décorations.

Les Indiens n'avaient pour armes offensives que la flèche, espèce de javelot hérissé d'une pointe d'os ou de pierre, et un casse-tête de bois extrêmement dur, ayant un côté tranchant. Leurs armes défensives consistaient en une espèce de cuirasse de bois léger, dont l'usage fut abandonné lors de l'introduction des armes à feu, et quelquefois en un long bouclier de bois de cèdre qui couvrait tout le corps[1]. Elles parurent peu dangereuses aux Européens qui ignoraient leur manière de combattre. Mais l'art de ces barbares consistait à surprendre leurs ennemis et non à les attaquer de pied ferme ; le casse-tête devenait une arme terrible dans une attaque subite où le guerrier assommait d'un seul coup son antagoniste endormi ou désarmé.

Le mot seul de guerre excitait chez les jeunes Sauvages une espèce de frémissement plein de délices, fruit d'un profond enthousiasme. Le bruit du combat, la vue

---

1. Relation des Jésuites (1633).

d'ennemis palpitants dans le sang, les enivraient de joie; ils jouissaient d'avance de ce spectacle, le seul qui fût capable d'impressionner leur âme placide. Et comment en pouvait-il être autrement? C'était la seule de leurs fibres qu'on eût excitée depuis qu'ils étaient capables de sentir. Toute leur âme était là. L'imagination excitée par le récit des exploits de leurs ancêtres, ils brûlaient de se distinguer comme eux.

Les causes de guerre étaient peu nombreuses, mais fréquentes entre les nations sauvages. Le droit de chasser ou de passer dans certaines limites, la défense de leur propre territoire, ou la vengeance d'un compatriote aimé, voilà ce qui donnait naissance ordinairement aux luttes destructives de ces barbares. Mais chaque individu étant parfaitement indépendant, il pouvait à tout moment, soit par amour des combats ou du pillage, soit par haine ou vengeance, compromettre la paix entre deux tribus et les entraîner dans une guerre mortelle: c'était probablement là la cause de la plupart de celles qui se faisaient en Amérique, et qui finissaient souvent par la destruction ou l'expulsion de la tribu vaincue. Ainsi, la paix était sans cesse compromise, et depuis le Mexique jusqu'à la baie d'Hudson, les peuples étaient dans un état continuel d'hostilité.

Tous ceux qui étaient capables de porter les armes, étaient guerriers, et avaient droit d'assister aux assemblées publiques et d'exprimer leur opinion sur les matières en délibération. La guerre ne se décidait que par la nation réunie: toutes les raisons étaient pesées avec maturité. Si elle était décidée, les anciens s'adressaient à leurs guerriers pour les exciter à combattre. «Les os de nos frères blanchissent encore la terre, disaient-ils, ils crient contre nous; il faut les satisfaire. Peignez-vous de couleurs lugubres, saisissez vos armes qui portent la terreur, et que nos chants de guerre et nos cris de vengeance réjouissent les ombres de nos morts, et fassent trembler les ennemis dont le sang va bientôt inonder la terre. Allons faire des prisonniers et combattre tant que l'eau coulera dans les rivières, que l'herbe croîtra dans nos champs, que le soleil et la lune resteront fixés au firmament. »

Aussitôt le chant de guerre était entonné par tous les combattants, qui demandaient qu'on les menât à l'ennemi. Ils se choisissaient un chef ; et leur choix tombait toujours sur celui que distinguaient d'anciens exploits, une taille imposante, ou une voix forte et qui pût se faire entendre dans le tumulte des combats et exciter l'ardeur des guerriers. Le chef élu tâchait de se rendre favorable le Grand-Esprit, et le dieu du mal par de longs jeûnes ; il étudiait ses rêves qui étaient pour lui des oracles. Enfin après avoir répété tous ensemble une prière, ils commençaient la danse de guerre, l'image la plus énergique et la plus effrayante de ces luttes mortelles. Tout se terminait par un festin solennel où l'on ne servait que de la chair de chien. Le chef y racontait ses exploits et ceux de ses ancêtres.

Dans leurs campagnes, les Indiens, tant qu'ils sont sur leur territoire, marchent sans précaution, et dispersés pour la commodité de la chasse, et se réunissent pour camper le soir ; mais dès qu'ils mettent le pied dans le pays ennemi, ils ne se séparent plus, et n'avancent qu'avec la plus grande circonspection pour éviter les embuscades. Ils ne chassent plus, n'allument plus de feu et se parlent par signes. Ils étudient le pays qu'ils traversent ; et ils déployent en cela une sagacité inconcevable. Ils devinent une habitation de très loin par l'odeur de la fumée. Ils découvrent la trace d'un pas sur l'herbe la plus tendre comme sur la substance la plus dure, et ils lisent dans cette trace, la nation, le sexe et la stature de la personne qui l'a faite, et le temps qui s'est écoulé depuis qu'elle a été formée[1]. Ils s'appliquent à dissimuler la route qu'ils suivent, et à découvrir celle de leur ennemi. Et ils emploient pour cela divers stratagèmes. Ils marchent sur une seule file l'un devant l'autre, mettant les pieds dans les même traces, que le dernier de la file recouvre de feuilles. S'ils rencontrent une rivière, ils cheminent dedans. Cette tactique est facile pour les Sauvages, parce qu'ils sont peu nombreux dans leurs expéditions. Ce sont généralement des partis de trente, quarante, cinquante hommes; rarement excèdent-ils deux ou trois cents.

Lorsqu'ils atteignent leurs ennemis sans être découverts, le conseil s'assemble et forme le plan d'attaque. Au point du jour, et lorsqu'ils les supposent encore plongés dans le sommeil, ils se glissent dans leur camp, font une décharge de flèches en poussant de grands cris, et tombent sur eux le casse-tête à la main. Le carnage commence. Tel est le système de guerre des Indiens; ils ne s'attaquent que par surprise; ils tuent ceux qu'ils ne peuvent emmener, et leur enlèvent la chevelure. La retraite se fait avec précipitation, et ils tâchent de la cacher, s'ils ont lieu d'appréhender une poursuite. S'ils sont pressés de trop près, les prisonniers sont égorgés, et chacun se disperse. Dans le cas contraire, ceux-ci sont gardés avec soin et attachés la nuit à des piquets de manière qu'ils ne puissent remuer sans réveiller leurs vainqueurs. C'est dans ces longues nuits qu'ils entonnent le chant de mort, et que leur voix mâle, mais triste, résonne dans les profondeurs des forêts. C'est dans cette situation affreuse que l'Indien déploie son héroïsme, et qu'il brave la cruauté de ses

---

1. McIntosh. *Manners of the Indians.*

bourreaux. « Je vais mourir, dit-il, mais je ne crains point les tortures que m'infligeront mes ennemis. Je mourrai en guerrier, et j'irai rejoindre dans le pays des ombres les chefs qui ont souffert avant moi. »

La bourgade va au devant des vainqueurs, qui annoncent de loin leur arrivée par des cris. On fait passer les prisonniers entre deux files d'hommes qui les frappent avec des bâtons. Ceux qui sont destinés à la mort sont livrés au chef de guerre, les autres au chef de la tribu. Les premiers sont attachés à des poteaux, et l'on commence leur supplice qui se prolonge quelquefois plusieurs jours. Mais si les bourreaux sont sans pitié, la victime ne montre aussi aucune faiblesse ; elle se fait gloire de ses tourments ; elle vante ses victoires, compte les chevelures qu'elle a enlevées, dit comment elle a traité ses prisonniers, et reproche à ses vainqueurs qu'ils ne savent pas torturer. Elle pousse quelquefois le sarcasme si loin, que ceux-ci perdant patience, terminent ses jours d'un coup de casse-tête. Voilà jusqu'où les Indiens portaient le mépris des souffrances, ou plutôt le fanatisme de la mort.

Il n'y avait généralement que les chefs qui étaient torturés ainsi. L'on brûlait les autres ; ou quelquefois on les gardait pour en faire des esclaves. Les missionnaires français firent tout ce qu'ils purent pour faire adopter aux Indiens un système plus humain, et c'est dans cette vue qu'ils introduisirent l'usage de vendre les prisonniers, afin de les arracher à la mort.

Ceux qui avaient été livrés au chef de la nation, étaient destinés à remplacer les guerriers tués sur le champ de bataille. Ils étaient adoptés par les familles des défunts, qui leur portaient toute la tendresse et tous les égards qu'elles avaient pour ceux dont ils tenaient la place.

Il est impossible de dire si les prisonniers ainsi adoptés, ou réduits en esclavage, n'étaient pas plus malheureux que ceux qui avaient été sacrifiés à la cruauté de leurs vainqueurs. Ils ne devaient plus songer à revoir leurs parents, leurs amis, leur patrie, enfin tout ce qu'ils avaient de plus cher, leurs femmes et leurs enfants. Ils devaient s'incorporer à leur nouvelle famille et à leur nouvelle tribu, à tel point qu'ils pussent haïr tout ce qu'elles abhorraient, fût-ce même leur propre sang.

Mais telle était l'organisation des Indiens, la placidité de leur tempérament, que cet usage était reçu universellement parmi eux. Ils oubliaient tous leurs anciens souvenirs ; ceux de la patrie qui sont gravés si profondément dans le cœur des hommes de la race européenne, disparaissaient de leur mémoire comme s'ils ne s'y étaient jamais arrêtés. Ce caractère particulier qui permettait de rompre sans grande secousse les liens du sang les plus rapprochés, contribua sans doute à la conservation d'une coutume à laquelle toutes ces peuplades libres se soumettaient sans même pousser un murmure.

Les animosités nationales étaient héréditaires et difficiles à éteindre ; mais enfin on se lassait de verser le sang, et la paix devenait nécessaire. La tribu qui en avait le plus de besoin devait faire les premières démarches ; ce qui demandait beaucoup de prudence. Il fallait vaincre dans cette mesure préliminaire la répugnance d'un ennemi vindicatif, et employer toutes les raisons d'équité et d'intérêt qui pouvaient désarmer sa vengeance. Lorsqu'une tribu avait résolu de faire les premiers pas, quelques uns de ses principaux chefs, accompagnés de ceux qui devaient servir de médiateurs, se rendaient chez la nation avec laquelle ils voulaient traiter de la paix. Le calumet était porté devant eux. Ce symbole inviolable est une pipe de quatre pieds de long, dont la tête de marbre rouge est fixée à un tuyau de bois orné de plumes et d'hiéroglyphes de diverses couleurs, le rouge indiquant l'offre d'un secours, le blanc et le gris, de la paix [1].

Lorsque la députation est rendue dans le camp des ennemis, un des chefs inférieurs remplit le calumet de tabac ; et après y avoir mis le feu, il l'élève vers le ciel, puis le baisse vers la terre, et le présente à tous les points de l'horizon, en invitant tous les esprits qui sont dans le ciel, sur la terre et dans les airs à être présents au traité. Il l'offre ensuite au chef héréditaire qui en tire quelques bouffées de fumée, et les lance vers le ciel, et autour de lui vers la terre. Le calumet est alors passé à tous les chefs suivant leur rang, qui le touchent des lèvres. Un conseil est immédiatement tenu où le traité est discuté. Si la paix est conclue, l'on enterre une hache rouge, cérémonie qui est le symbole de l'oubli de l'animosité qui a régné jusque-là entre les deux parties contractantes. L'échange des colliers qui étaient chez ces peuples l'expression patente du traité, mettait le dernier cachet à la transaction.

Les deux tribus se faisaient alors réciproquement des présents ; c'étaient des calumets, des peaux de daim ornées d'un beau travail, et d'autres objets de prix. La coutume de se faire ainsi des présents est une de celles qui sont répandues chez tous les peuples de la terre.

La guerre terminée, le Sauvage rentrait dans son repos léthargique. Le travail chez les tribus indiennes était une occupation déshonorante qu'ils abandonnaient aux femmes, « comme indigne de l'homme indépendant. Leur plus vive imprécation contre un ennemi mortel, c'était

---

1. De la Potherie.

qu'il fût réduit à *labourer* un champ; la même que celle que Dieu prononça contre le premier homme. » Mais bientôt la faim venait le troubler dans sa hutte d'écorce, et le faisait de nouveau sortir de son inaction. Alors cet homme qu'on voyait, assis les jambes et les bras croisés, garder une attitude immobile et stupide des journées entières, sortait de sa léthargie, s'animait tout à coup, car la chasse était après la guerre la seule occupation noble à ses yeux, il pouvait y acquérir de la gloire; et à ce nom l'Indien apathique devenait un tout autre homme, il bravait tout pour elle, les fatigues, la faim, et même la mort. La chasse ne se faisait ordinairement que pendant l'hiver, parce que l'été le poisson suffisait à la subsistance, et que d'ailleurs la fourrure des animaux est moins belle alors que dans la saison froide. « Toute la nation y allait comme à la guerre; chaque famille, chaque cabane, comme à sa subsistance. Il fallait se préparer à cette expédition par des jeûnes austères, n'y marcher qu'après avoir invoqué les dieux. On ne leur demandait pas la force de terrasser les animaux, mais le bonheur de les rencontrer. Hormis les vieillards arrêtés par la décrépitude tous se mettaient en campagne, les hommes pour tuer le gibier, les femmes pour le porter et le sécher. Au gré d'un tel peuple, l'hiver était la belle saison de l'année: l'ours, le chevreuil, le cerf et l'orignal ne pouvaient fuir alors avec toute leur vitesse, à travers quatre à cinq pieds de neige. Ces Sauvages que n'arrêtaient ni les buissons, ni les ravins, ni les étangs, ni les rivières, et qui passaient à la course la plupart des animaux légers, faisaient rarement une chasse malheureuse. Mais au défaut de gibier, on vivait de gland. Au défaut de gland, on se nourrissait de la sève ou de la pellicule qui naît entre le bois et la grosse écorce du tremble et du bouleau. » (Raynal)

Dans ces expéditions, la tribu se campait dans le voisinage d'un lac ou d'une rivière, où elle se construisait des huttes à la hâte. En un clin d'œil, une bourgade s'élevait au-dessus des neiges qui recouvraient bientôt celle qu'elle avait abandonnée. C'est ainsi que partout dans l'Amérique du Nord, la population et les villes changeaient continuellement de place, attirées qu'elles étaient par l'abondance de la chasse ou de la pêche, qui variaient tous les jours dans chaque localité.

Un peuple qui n'était point ainsi fixé au sol, devait jouir de la plus grande liberté; et, en effet, chacun vivait avec toute l'indépendance qu'un homme peut posséder dans la société la plus libre.

La coutume et l'opinion, voilà quel était le gouvernement des tribus sauvages. Il n'y avait point de lois écrites. On suivait les usages traditionnels et l'instinct de la raison et de l'équité. D'ailleurs l'autorité publique, le gouvernement, n'était appelé à agir que très rarement, comme lorsqu'il fallait faire la guerre ou la paix, élire un chef, ou enfin traiter avec une autre tribu pour quelque sujet que ce soit; ou bien encore régler la marche d'une cérémonie publique, etc.; mais jamais, ou presque jamais, ne statuait-il sur les matières intérieures, c'est-à-dire relatives à la conduite des citoyens; son pouvoir n'allait pas jusque-là. La volonté générale, dit l'historien des deux Indes, n'y assujettissait pas la volonté particulière. Les décisions étaient de simples conseils qui n'obligeaient personne, sous la moindre peine[1]. Si dans une de ces singulières républiques, on ordonnait la mort d'un homme, c'était plutôt une espèce de guerre contre un ennemi com-

---

1. Relation des Jésuites (1644 et 45, p. 143).

mun, qu'un acte judiciaire exercé sur un sujet ou un citoyen. Au défaut de pouvoir coercitif, les mœurs, l'exemple, l'éducation, le respect pour les anciens, l'amour des parents, maintenaient en paix ces sociétés sans lois comme sans biens.

On voit que le lien moral faisait toute la force de ces associations. Dans les assemblées, chacun avait droit d'opiner sur les affaires publiques et d'émettre son opinion selon son âge ou ses services. Dans une société où les richesses étaient inconnues, l'intérêt ne pouvait faire dévier les hommes de leurs devoirs ; et comme jamais l'Indien ne donnait rien aux anciens, ni à ses chefs électifs ou héréditaires, le désintéressement comme la cupidité n'influaient point sur leur jugement.

L'un des plus forts liens qui tenaient les sociétés indiennes ensemble, c'est le respect que la tribu avait pour chacun de ses membres. Il n'y avait d'exception à cet égard que pour les services rendus à la chose publique et pour le génie ; la considération qu'ils attiraient était toute personnelle, et n'entraînait aucune charge ni obligation onéreuse : c'était le fruit moral de la reconnaissance.

Ces égards, les tribus, les nations, les observaient entre elles en temps de paix ; les envoyés et les ambassadeurs étaient reçus avec distinction, et placés sous la protection et la sauve-garde de celles chez lesquelles ils venaient pour négocier. Cependant les passions humaines venaient jeter quelquefois la perturbation dans ces sociétés si simples et si patriarcales. Comme elles n'avaient point de code, que les « lois prohibitives n'étaient point sanctionnées par l'usage », l'homme lésé se faisait généralement justice lui-même. La tribu n'intervenait que quand l'action d'un de ses membres lui portait directement un préjudice grave, alors le coupable livré à la vindicte publique, périssait sous les coups de la multitude. Mais cela était extrêmement rare. Il résultait de cette indépendance individuelle qui ne voulait point reconnaître d'autorité supérieure pour juger les actes privés, des inconvénients sérieux.

Il semblerait impossible qu'une société assise sur des bases aussi fragiles, pût se maintenir ; mais comme tous ces peuples menaient une vie vagabonde, il n'y avait ni commerce, ni transactions d'aucune espèce, circonstance qui, jointe à l'absence de lois prohibitives, réduisait la liste des offenses à très peu de chose. Aussi ces sociétés ne comptaient point d'officiers civils ; il n'y avait ni juges, ni prisons, ni bourreaux.

L'absence de toute espèce de tribunaux judiciaires laissant à chacun le soin de venger ses injures, enfanta l'esprit vindicatif qui caractérise les Sauvages. Une insulte ne restait pas sans vengeance, et le sang ne pouvait se laver que par le sang. Cependant les querelles particulières étaient excessivement rares, et quoique le corps de l'État n'eût aucun pouvoir sur les individus, il réussissait ordinairement à les apaiser. Car en sacrifiant sa vengeance privée au bien général, qui ne se sent pas agrandi ? Et le Sauvage est très sensible à l'honneur.

Mais si le sang avait été versé, l'ombre du défunt ne pouvait être apaisée que par des représailles. Un parent se chargeait de ce devoir sacré. Il traversait s'il le fallait des contrées entières, souffrait la faim et la soif, endurait avec plaisir toutes les fatigues pour satisfaire l'ombre sanglante d'un frère ou d'un ami. La vengeance tirée appelait une autre vengeance, et ainsi de famille en famille et de nation en nation se continuait la lutte mortelle.

Cependant la raison des Sauvages leur avait laissé un moyen d'y mettre fin, et de pacifier les cabanes en hostilité. Les présents apaisaient l'ombre de celui qui était tombé sous les coups d'un meurtrier repentant.

Chez les tribus indiennes, les ramifications des familles étaient étendues et se suivaient fort loin. Des liens étroits resserraient ainsi toute la peuplade. L'on avait le plus grand respect pour ses parents ; et les nœuds du sang étaient sacrés, tellement que le frère payait la dette du frère décédé, et embrassait sa vengeance comme si elle eût été la sienne propre. Les mendiants étaient inconnus. La tribu accueillait les orphelins.

Dans les peuplades où le chef l'était par droit d'hérédité, ce droit s'acquérait par la descendance féminine, c'est-à-dire par la mère. Cette loi de succession était très généralement répandue.

Chaque tribu, chaque village vivait dans une entière indépendance. Et toutes les tribus présentaient la même uniformité dans leur organisation sociale. Si dans quelques unes le chef était héréditaire, c'était plutôt un privilège nominal que réel, parce que la mesure de son hérédité était toujours proportionnée à ses qualités, à son génie. Le chef indien n'avait ni couronne ni sceptre, ni gardes, et son pouvoir n'était que l'expression populaire. Il n'était en réalité que le premier des hommes libres de la peuplade. Cependant il n'en avait pas moins de fierté. Ne savez-vous pas, disait un d'eux à un missionnaire, que je commande depuis ma jeunesse, que je suis né pour commander, et que sitôt que je parle tout le monde m'écoute[1].

Dans une société ainsi constituée, la religion devait avoir peu d'influence, ou plutôt son organisation est un indice certain qu'elle n'avait pas de religion régulière

---

1. Relation des Jésuites.

ayant ses formes et ses cérémonies. Les premiers Européens qui ont visité les Sauvages s'accordent presque tous à dire qu'ils ne professaient aucun culte. Les Micmacs et leurs voisins n'avaient ni adoration, ni cérémonies religieuses [1].

À l'égard de la connaissance de Dieu, dit Joutel, « il ne nous a pas paru que les Cénis en aient aucune notion certaine ; il est vrai que nous avons trouvé des tribus sur notre route, qui, autant que nous le pouvions juger, croyaient qu'il y avait quelque chose de relevé qui est au-dessus de tout ; ce qu'ils faisaient en levant les mains et les yeux au ciel, dont néanmoins ils ne se mettaient pas en peine ; parce qu'ils croyaient aussi que cet être relevé ne prend aucun soin des choses d'ici bas. Mais d'ailleurs, comme ceux-là, non plus que ceux-ci, n'ont ni temples ni cérémonies, ni prières, qui marquent un culte divin, on peut dire de tous qu'ils n'ont aucune religion [2]. »

On pouvait déjà anticiper ces témoignages, par l'absence de toutes lois prohibitives ou obligatoires chez ces peuples, qui ne faisaient que ce qui était juste à leurs propres yeux. L'existence d'un culte régulier eût entraîné à sa suite certaines règles de morale qui auraient influé sur la société civile. Mais l'indépendance du Sauvage rejetait les restrictions imposées par une religion, comme il repoussait celles du pouvoir civil : il voulait être lui-même son grand prêtre comme il était son roi, son législateur et son juge.

---

1. Champlain.

2. Les adorateurs du soleil, comme les Natchés, forment exception à cette règle générale.

Quoique les Sauvages de l'Amérique du nord ne pratiquassent point de religion, ils reconnaissaient néanmoins l'existence d'êtres supérieurs et invisibles, auxquels ils adressaient leurs prières spontanément lorsqu'ils voulaient éviter un mal ou acquérir un bien. Ceux du Canada disaient à Champlain, que chacun priait son dieu en son cœur comme il l'entendait. Leurs prières n'avaient pas pour objet la possession du bonheur dans une autre vie, parce qu'ils n'avaient aucune idée de la moralité. Le succès, les grandes actions, indépendamment du droit et de la justice, étaient les seuls titres qui leur ouvraient, après leur mort, ce paradis dans lequel le guerrier qui s'était distingué par des exploits, trouvait tout ce qui pouvait flatter ses sens, allumer son imagination avide de jouissances. Une terre sans animaux ni ombrage, frappée de stérilité, de maladies et de désolation, était la triste patrie de l'homme vieilli dans l'indolence et mort sans gloire.

Étonné de la majesté de la nature qui se déploie à ses yeux avec tant de richesses, de la marche invariable et régulière des astres qui ornent la voûte des cieux, l'homme demeure comme anéanti dans sa faiblesse. Sa raison consternée a besoin de croire à l'existence d'une cause première qui règle et maintienne l'ordre de l'univers dans l'immensité duquel il est comme perdu. Le Sauvage, qui n'a encore que des idées matérielles, se plaît à se créer des liens avec les divinités qu'il voit dans tous les êtres dont il ne peut comprendre la nature. C'est ainsi que son intelligence trop bornée pour concevoir un être infini, éternel et unique, qui gouverne le monde, voit cet être dans le soleil, dans les fleuves, dans les montagnes, et même dans les animaux, mais sans liaison ni rapport ensemble, comme se le représente le panthéisme ; chacun de ces êtres est l'émanation d'une divinité. Le bruissement des flots, c'est le dieu de l'onde qui gémit; le murmure du feuillage, c'est la divinité des bois qui soupire; le souffle du vent, c'est l'haleine de l'esprit céleste qui passe. Il personnifie tout: un dieu habite dans sa cabane; un autre folâtre autour de son front et abaisse sa paupière dans le sommeil (Bancroft). Quoiqu'il n'ait ni culte, ni temple, ni autel, l'on reconnaît facilement dans cette conception la base de la mythologie payenne. Si les Indiens eussent fait un pas de plus, élevé des temples à leurs dieux, la similitude aurait été frappante; mais le culte des Grecs, par exemple, annonçait un peuple avancé dans la civilisation; parce que l'on n'a pas encore trouvé de nation civilisée sans religion.

Le Sauvage croyait que le ciel et la terre avaient été créés par un être tout-puissant; l'on peut inférer de là qu'il devait avoir une idée d'une divinité suprême, à laquelle toutes les autres étaient soumises, et cette croyance vague était devenue plus définie, après que les missionnaires lui eurent enseigné l'existence d'un seul Dieu, sous le nom de Grand-Esprit. Il embrassa ce dogme sans peine, parce qu'il ne faisait que préciser une idée dont il était imbu déjà. Il se répandit parmi toutes les nations indiennes avec rapidité; ce qui l'a fait prendre par quelques voyageurs comme une partie intégrante de leur foi primitive.

Tous les êtres créés ayant ainsi leurs divinités, l'Indien a dû les révérer ou les craindre selon le bien ou le mal qu'il croyait en recevoir. Le chrétien aime et adore Dieu, parce qu'il est son créateur. Le Sauvage n'a point établi cette relation entre lui et la divinité. Il aime une divinité si elle lui fait du bien, pour le bien qu'elle lui fait; il la craint si elle lui fait du mal, et tâche de se la rendre favorable par des prières et des sacrifices, que quelques auteurs ont voulu transformer en culte, mais qui n'en étaient que des germes très-éloignés. Il n'y avait que l'actualité d'un bien ou d'un mal qui excitât le Sauvage à tourner sa pensée vers le *Manitou*. Si la moisson, ou la chasse, était abondante, il l'attribuait au manitou. Si un malheur lui arrivait, il l'attribuait de même au courroux de ce dieu. « Ô Manitou ! s'écriait un père, entouré de sa famille et déplorant la perte d'un fils, tu es courroucé contre moi ; détourne la colère de ma tête et épargne le reste de mes enfants. »

Lorsque les Indiens partaient pour quelque expédition, ils tâchaient de se rendre les esprits favorables par des prières et des jeûnes. S'ils allaient à la chasse, ils jeûnaient pour se rendre propices les esprits tutélaires des animaux qu'ils voulaient poursuivre, et ensuite ils donnaient un festin dans lequel ils prenaient garde de profaner les os de cette même espèce d'animaux ; en donner aux chiens, c'eût été s'exposer à de grands malheurs[1]. S'ils allaient à la guerre, ils recherchaient, comme on l'a vu déjà, la faveur d'Areskoui, si c'étaient les Hurons, dieu des combats, par des sacrifices et des mortifications. Lorsqu'ils étaient en marche, la grandeur ou la beauté d'un fleuve, la hauteur ou la forme d'une montagne, la profondeur d'une crevasse dans le sol, le bruit d'une chute ou d'un rapide, frappaient-ils leur imagination, ils offraient des sacrifices aux esprits de ces fleuves et de ces montagnes. Ils jetaient du tabac ou des oiseaux dont ils avaient

1. Leclerc. « Ils les jettent au feu ou dans la rivière, ou les enterrent... Pour les bêtes qui n'ont point d'esprit, c.-à.-d. qui se laissent prendre aisément, ils méprisent leurs os et les jettent aux chiens. » *Relation des Jésuites*.

coupé la tête dans leurs eaux, ou vers leurs cimes. Les Cénis et les Ayennis offraient les prémisses de leurs champs en sacrifice.

Le dieu du mal[1] et celui de la guerre ne voulaient que des sacrifices sanglants. Les Hurons offraient des chiens en holocauste. Les victimes humaines n'ensanglantaient les fêtes des Sauvages qu'après une victoire. Jogues rapporte que lorsqu'il était chez les Iroquois, ils sacrifièrent une femme algonquine en honneur d'Agreskoué, leur dieu de la guerre. « Agreskoué, s'écrièrent-ils, nous brûlons cette victime en ton honneur ; repais-toi de sa chair et accorde-nous de nouvelles victoires. »

Le Sauvage qui avait mis la nature animée et inanimée sous l'influence de nombreuses divinités, qui réglaient dans leur domaine invisible le destin de toutes choses, devait désirer avoir, lui aussi, un ange tutélaire qui l'accompagnât partout et veillât sur lui. Le jeune Chipaouais se peignait le visage de noir, et renfermé dans une hutte de branches de cèdre bâtie sur la cime d'une montagne, il jeûnait des semaines entières, jusqu'à ce qu'étant affaibli par les veilles et la faim, et l'esprit en proie à une excitation fébrile, il vît un dieu en songe. Ce dieu qui se manifestait à lui quelquefois sous la forme d'une tête d'oiseau, d'un pied d'animal, etc., était son ange gardien pour le reste de sa vie.

Un peuple qui n'avait pas de culte, n'avait pas besoin de prêtres. Si quelqu'un appelait une divinité à son aide, et voulait se la rendre propice, il offrait lui-même son sacrifice. Lorsque c'était la tribu, le chef accomplissait cette œuvre de propitiation.

---

1. *Atahensic* était le dieu du mal chez les Iroquois, et *Jouskeka* le dieu du bien.

Plus les hommes sont ignorants, et plus ils sont superstitieux. Les Sauvages ajoutaient foi aux songes ; ils croyaient que les êtres supérieurs profitaient de leur sommeil pour leur communiquer des avertissements, ou des ordres. Ils s'empressaient de se rendre aux vœux des esprits invisibles, et comme ils étaient persuadés que les plus grands malheurs seraient la suite d'une désobéissance, nul sacrifice ne leur coûtait pour se conformer à la voix venue d'en haut. Cependant chacun restait libre d'interpréter ses visions à son gré, et s'il ne voulait pas convenir que son génie avait raison, l'Indien rejetait ses augures, ou même prenait un autre génie tutélaire plus favorable à ses désirs ; jamais il n'était persécuté pour avoir méprisé des croyances regardées comme sacrées. C'est cette liberté qui empêcha de naître parmi eux le scepticisme et l'incrédulité, ces deux anges de ténèbres enfantés par la persécution et la haine. On a remarqué que les nations qui jouissaient d'une grande liberté religieuse, étaient celles-là même qui avaient le plus de religion. En effet, la religion doit être fondée sur l'opinion ; et il n'y a plus d'opinion dès qu'il n'y a plus de liberté. Jamais la France n'a été plus irréligieuse qu'après la révocation de l'édit de Nantes jusqu'au commencement de ce siècle. Il en a été de même en Angleterre sous Charles II, alors que le peuple sceptique était généralement indifférent sur la religion que le gouvernement lui ordonnerait d'embrasser (Lingard).

Les Indiens qui avaient peuplé l'univers de divinités, et qui ne portaient qu'avec une crainte superstitieuse leur pensée sur ce monde invisible qui les environnait de toutes parts, devaient croire que la nature avait doué quelques hommes du don d'en sonder les profonds mystères. Ces hommes privilégiés étaient connus dans les forêts sous le nom de devins, vulgairement jongleurs, et sous celui de médecins. Ils prétendaient avoir une communication plus intime avec les esprits que les autres hommes. Leur empire s'étendait sur toute la nature ; ils pouvaient faire tomber l'eau du ciel qui en refusait à la terre altérée, détourner la foudre et prédire l'avenir. Ils avaient aussi le pouvoir de favoriser les chasseurs en faisant tomber sous leurs flèches heureuses un gibier abondant, ou d'attendrir le cœur d'une femme insensible aux soupirs d'un amant désespéré. Ces grands avantages les rendaient un objet de respect pour la multitude.

Ils ne soignaient qu'avec des simples, et accompagnaient l'administration de leurs remèdes de cérémonies ridicules qui en imposaient à la superstition du malade. Ils interrogeaient leurs dieux, afin de savoir s'il guérirait ou non.

Le diable était toujours à leur service pour faire des prophéties. Ils n'avaient qu'à s'enfermer dans une cabane, faire des contorsions, pousser des cris, l'esprit des ténèbres soudain leur apparaissait ; alors le jongleur lui attachait une corde au cou, et le forçait, ainsi enchaîné, à lui dévoiler l'avenir. Cet emploi que la crédulité vulgaire rendait profitable, passait de père en fils chez les peuplades de l'Acadie (Lescarbot).

Nous avons vu plus haut quelle est la croyance des Sauvages touchant une autre vie. Le grand dogme de l'immortalité de l'âme était répandu chez tous les peuples de l'Amérique. La nature de l'homme se refuse à croire que chez lui tout doit périr ; et en effet s'il en devait être ainsi, comment aurait-il jamais pu concevoir une immortalité qui aurait été si étrangère au but de sa création. L'Indien, l'homme sauvage, trouvait toute naturelle une vie qui ne finissait point ; mais il ne pouvait comprendre comment un esprit pouvait mourir. Sa foi était bien contraire à celle du matérialiste civilisé, qui ne peut comprendre, lui, comment il peut toujours exister.

Mais si les Sauvages croyaient à l'immortalité de l'âme, ils ne pouvaient la concevoir séparée d'un corps; tout dans leur esprit prenait des formes sensibles; c'est pourquoi ils allaient déposer religieusement des vivres sur la tombe d'un parent ou d'un ami décédé; ils croyaient qu'il fallait plusieurs mois pour se rendre dans le pays des âmes, qui était vers l'Occident, et dont le chemin était rempli d'obstacles et de dangers.

Ils avaient le plus grand respect pour leurs morts et les funérailles étaient accompagnées de beaucoup de cérémonies. Dès qu'un Indien était expiré, les parents faisaient entendre des cris et des gémissements qui duraient des mois entiers. Le défunt était revêtu de ses plus beaux habits; on lui peignait le visage, et on l'exposait à la porte de sa hutte ses armes à côté de lui. Quelqu'un de sa famille célébrait ses exploits à la chasse et à la guerre. Dans quelques tribus les femmes pleuraient, dansaient et chantaient incessamment.

Au bout d'un certain temps, les amis procédaient à l'inhumation du corps, qui était placé assis dans une fosse profonde et tapissée de fourrures. Ils lui mettaient une pipe à la bouche, et l'on disposait devant lui son casse-tête, son manitou ou dieu pénate, et son arc tout bandé. On le recouvrait de manière à ne pas le toucher. On plantait ensuite une petite colonne sur sa tombe, à laquelle on suspendait toutes sortes d'objets pour manifester l'estime que l'on avait pour le défunt. Quelquefois on y mettait son portrait taillé en bois[1], avec des signes indicatifs de

1. Relation des Jésuites. Lallemant (1616).

ses hauts faits. Cette figure s'appelait *Tipaialik*, ou ressemblance du mort.

Ceux qui mouraient en hiver ou à la chasse, étaient exposés sur un grand échafaud dressé dans la forêt, en attendant le printemps, ou qu'on les rapportât dans leur village pour les y enterrer[1]. Ceux qui mouraient à la guerre étaient brûlés, et leurs cendres ramassées soigneusement pour être déposées avec celles de leurs ancêtres. D'autres fois le corps était séché, et gardé dans un cercueil jusqu'à la fête des morts, qui avait lieu tous les 8 ou 10 ans. C'était la cérémonie la plus célèbre chez les Indiens.

Lorsque l'époque de cette fête lugubre était arrivée, ils se réunissaient pour nommer un chef. Ce chef faisait inviter les villages voisins. Au jour fixé, tout le monde plongé dans la plus grande tristesse, se rendait en procession au cimetière, où l'on découvrait tous les tombeaux qui étaient livrés de nouveau à la lumière du jour et aux regards des vivants. La foule contemplait longtemps dans un morne silence ce spectacle, si bien fait pour inspirer les réflexions les plus sérieuses, tandis qu'une femme poussait des cris plaintifs. Ensuite l'on ramassait les os des morts, après en avoir enlevé avec de l'eau, les chairs non encore réduites en cendres. Ces ossements étaient recouverts avec soin de peaux de castor; et l'on chargeait sur ses épaules les précieux restes de ses parents, et la procession regagnait le village aux accords des instruments et des voix les plus belles. Chacun déposait en arrivant dans sa hutte ce fardeau sacré avec tous les signes de la douleur, et donnait un festin en mémoire des défunts de la

1. Relation des Jésuites (1653).

famille. Les jours suivants étaient remplis par des fêtes, des danses funèbres, et des combats, espèces de tournois où se donnaient des prix. De temps en temps l'on entendait des cris, que l'on appelait le cri des morts.

Pour assister à cette grande solennité, les Sauvages venaient d'une très grande distance, quelquefois de 150 lieues. Ils étaient reçus avec toute l'hospitalité qui distinguait les Indiens ; on leur faisait des présents ; ils en donnaient à leur tour.

Après avoir accompli tous les devoirs imposés dans cette occasion, l'on reprenait les ossements, et on allait les porter dans la salle du Grand-Conseil, où ils étaient suspendus aux parois. Un chef entonnait alors le beau chant des funérailles : « Os de mes ancêtres, qui êtes suspendus au-dessus des vivants, apprenez-nous à mourir et à vivre ! Vous avez été braves, vous n'avez pas craint de piquer vos veines ; le maître de la vie vous a ouvert ses bras, et vous a donné une heureuse chasse dans l'autre monde.

« La vie est cette couleur brillante du serpent, qui paraît et disparaît plus vite que la flèche ne vole ; elle est cet arc-en-ciel que l'on voit à midi sur les flots du torrent ; elle est l'ombre d'un nuage qui passe.

« Os de mes ancêtres, apprenez au guerrier à ouvrir ses veines, et à boire le sang de la vengeance. »

Dans bien des contrées on les portait en procession de village en village. Enfin la solennité finie, on allait les déposer dans une grande tombe tapissée des pelleteries les plus belles et les plus rares, où ils étaient placés en rang à la suite les uns des autres. Les Sauvages y déposaient tout ce qu'ils possédaient de plus précieux. Tandis qu'ils descendaient ainsi, dans leur demeure commune, les restes de leurs parents, les femmes se répandaient en gémissements et en lamentations. Chacun prenait ensuite un peu de terre dans la fosse, et la gardait soigneusement prétendant qu'elle lui porterait chance au jeu.

Dans cette cérémonie, tout se passait avec ordre, modestie et décence. Aucune nation n'a de solennité plus imposante, et qui soit faite pour inspirer autant de respect pour la mémoire de ses ayeux, que la fête des morts des Indiens. Cette pompe lugubre, ces chants graves et tristes, ces dépouilles de tant de tombeaux, cette douleur universelle enfin, devaient laisser dans l'âme l'impression la plus profonde ! Seule la sombre majesté des forêts est en harmonie avec un spectacle aussi éloquent, et dont la grandeur semble être si au-dessus de nos mœurs artificielles et de convention.

Les Sauvages avaient plusieurs sortes de fêtes ; des danses, des jeux. La fête des songes n'était autre chose que des saturnales, dans lesquelles ils s'abandonnaient à tous les écarts d'hommes ivres ou insensés. Ils allaient, dans leurs accès d'étrange folie, jusqu'à brûler leurs villages. Heureusement qu'un village indien était reconstruit avec presqu'avec autant de rapidité qu'il était détruit.

Ces peuples avaient une passion singulière pour les jeux de hasard. Le plus célèbre était celui des osselets, qui se joue à deux, avec de petits os à six facettes inégales, dont une noire, et une jaune-blanche. Ces joueurs les faisaient sauter dans un bassin ; et celui qui d'un coup amenait tous les osselets la même facette en haut, gagnait la partie. Le perdant était remplacé par un autre joueur. Ainsi tout le village y passait. Quelquefois la lutte s'engageait entre deux villages. Dans tous ces combats, les Sauvages montraient une ardeur effrénée. Ils invoquaient les dieux, leur promettaient des sacrifices, leur demandaient de bons rêves, indices certains, suivant eux, du succès. Ils se portaient des défis en jouant, se querellaient, se battaient. Les grandes parties duraient plusieurs jours, au milieu du bruit, des applaudissements, ou des imprécations. Tantôt la foule immobile suivait la partie avec une attention intense, tantôt, comme une mer troublée jusqu'en ses fondements, elle se débattait, se heurtait avec une épouvantable confusion. Il semblait que les âmes de ces barbares fussent agitées par mille passions diverses.

Ces hommes si passionnés pour le jeu, l'étaient faiblement pour les femmes. Plusieurs auteurs ont voulu fonder sur cette singularité qui s'explique facilement, des hypothèses plus ou moins vraisemblables, et sont parvenus seulement à pervertir la vérité. L'amour devient une passion chez les Européens à mesure qu'il rencontre des obstacles. Chez les Sauvages, « les plaisirs de l'amour y étaient trop faciles pour y exciter puissamment les désirs ».

Dès que l'âge le permettait, les deux sexes pouvaient satisfaire leurs désirs sans blesser les usages reçus. « Ils ne pensaient pas mal faire. » (Lescarbot) C'est dans cette liberté que l'on doit chercher les raisons du manque de fécondité des femmes indiennes, et aussi dans l'usage où elles étaient d'allaiter leurs enfants plusieurs années, pendant lesquelles elles n'approchaient pas du lit de leurs maris ; peut-être encore dans la difficulté de nourrir une grande famille. Au reste, le mariage était une institution reconnue. Celui qui voulait prendre une épouse, s'adressait à son père et lui offrait un présent. Si le présent était accepté, la fille devenait sa femme. Cependant il tâchait quelquefois aussi de se la rendre agréable, et lui faisait la cour six mois ou un an avant de la prendre dans sa maison.

La polygamie était permise ; mais ceux qui avaient plusieurs femmes étaient assez rares, à cause probablement des dépenses que causait un ménage nombreux. Le divorce était aussi reçu, et le mari avait le droit de répudier ou de tuer sa femme adultère. Les enfants resserraient généralement les liens du mariage, et rarement le divorce avait lieu entre le mari et la femme lorsqu'il leur en était né.

Les Sauvages étaient très attachés à leurs enfants[1]; ceux qui n'étaient pas en âge de marcher, ne laissaient point leurs mères qui ne les perdaient jamais de vue. Elles ignoraient l'usage de les nourrir du lait d'une étrangère, abus si généralement répandu chez les nations civilisées. Elles les allaitaient elles-mêmes jusqu'à trois ou quatre ans, et quelquefois plus, et elles les portaient dans des espèces de maillots fortifiés d'un côté par une petite planche, et que l'amour maternel se plaisait à orner des ouvrages les plus délicats. Dans leur marche, elles les suspendaient sur leurs dos; pendant l'ouvrage, à une branche d'arbre près d'elles où ils étaient bercés par la brise. « S'ils venaient à mourir, les parents les pleuraient amèrement. On voyait quelquefois deux époux aller, après six mois, verser des larmes sur le tombeau d'un enfant, et la mère y faire couler du lait de ses mamelles. »

Dès que les enfants pouvaient marcher, on les affranchissait de toute gêne; on les abandonnait à leur jeune et capricieuse volonté[2]. Ils contractaient ainsi dès l'âge le plus tendre cet amour de la liberté et de l'indépendance que la civilisation n'a jamais pu dompter. Si quelquefois les missionnaires en réunissaient quelques uns pour les enseigner, tout à coup ils les voyaient s'enfuir, bondissant de joie en brisant un joug qu'ils trouvaient insupportable.

---

1. Relation des Jésuites (1639).
2. Relation des Jésuites (1633).

Le P. Daniel avait établi pour eux une classe dans le collège de Québec, lors de sa fondation ; il crut un moment avoir triomphé des répugnances des Hurons chrétiens à y envoyer leurs enfants ; mais cette tentative n'eut aucun succès. L'air des forêts fut toujours fatal à celui de l'école. Dès qu'un jeune Sauvage est capable de manier l'arc, il s'accoutume à l'usage des armes, et se forme en grandissant sur l'exemple de ses pères, dont l'histoire des hauts faits déjà fait battre son jeune cœur. La passion des combats étouffe en lui souvent celle de l'amour ; il ne rêve qu'à se distinguer, afin de pouvoir, à l'instar des guerriers les plus renommés de la tribu, célébrer ses exploits dans les fêtes publiques.

Dans les intervalles des expéditions de guerre ou de chasse, les Sauvages s'élevaient des huttes ou se confectionnaient des armes, se creusaient des pirogues ou se modelaient des canots d'écorce de bouleau. Ils aidaient aussi quelquefois aux femmes à cultiver les champs ; mais cela était rare, parce que le travail était déshonorant pour un guerrier.

Les Sauvages aimaient beaucoup à entendre raconter. Rangés en cercle autour de leur feu, ou accroupis au pied d'un arbre qui les couvrait de son ombrage, ils prêtaient une oreille attentive à des histoires d'autrefois, dans lesquelles le narrateur, inspiré par l'intérêt de son sujet et l'amour du merveilleux, mêlait les peintures poétiques, les prodiges, les événements extraordinaires, enfin tout ce qui pouvait faire une vive impression sur l'esprit superstitieux de son auditoire. Souvent des cris de surprise, d'enthousiasme ou d'admiration, venaient l'interrompre. C'est ainsi que, dans la forêt, l'on oubliait les longues journées qui ne se passaient pas à la chasse ou à la guerre.

Le don de l'éloquence est un immense avantage chez un peuple ignorant ou barbare, où la parole est le seul véhicule pour la communication des pensées. Si celui qui le possédait chez les Indiens réunissait avec cela le courage, il pouvait espérer devenir un des chefs de la tribu. Le simple narrateur finissait souvent par devenir un orateur influent. La langue indienne, pleine de figures, se prêtait admirablement à l'éloquence.

L'histoire de la civilisation et des mœurs d'un peuple peut donner d'avance une idée de la perfection de son langage ; ce que nous avons déjà dit dans ce livre, peut aider à faire juger de l'état dans lequel se trouvaient les dialectes parlés en Amérique lors de sa découverte. Nous ne devons pas nous attendre à trouver des idiomes perfectionnés et enrichis par les découvertes qui sont le fruit des progrès de la civilisation ; mais en même temps nous les verrons en possession d'une organisation complète et soumis à des règles exactes[1]. Nulle horde n'a été trouvée avec une langue informe, composée de sons incohérents et comme sortant des mains du chaos. Aucune langue sauvage ne porte les marques d'une agrégation arbitraire, produit pénible et lent du travail et de l'invention humaine. Le langage est né tout fait avec l'homme. Les dialectes des tribus sauvages portent bien l'empreinte, si l'on veut, de l'état dans lequel elles vivaient ; mais ils sont clairs, uniformes, et peuvent sans avoir été régularisés par le grammairien, servir de véhicule à la précision de la logique, et à l'expression de toutes les passions. « Tous ceux qui ont été analysés, abondent en formules comme

1. « Qu'on les appelle barbares tant qu'on voudra (les Sauvages) leur langue est fort réglée. » Relation des Jésuites (1633).

en combinaisons, en dérivés comme en composés. De même que toutes les plantes qui tirent leur sève de la terre, ont des racines et des vaisseaux capillaires, de l'écorce et des feuilles, de même chaque langue possède une organisation complète, embrassant les mêmes parties du discours. La raison et la parole existent partout liées ensemble d'une manière indissoluble. L'on n'a pas plus trouvé de peuple sans langue formée, que sans perception et sans mémoire. » (Bancroft)

Tous les hommes ont les organes de la voix formés de la même manière ; de là vient qu'ils sont susceptibles d'apprendre toutes les langues, les sons primitifs étant essentiellement semblables. Cela est si vrai que l'alphabet de notre langue peut servir à exprimer presque tous les sons de celles des Sauvages avec quelques légères variantes comme celles-ci. Les Onneyouths changent l'*r* en *l*. Ils disent Lobert au lieu de Robert. Le reste des Iroquois rejette la lettre *l*, et tous ils ne se servent point de l'*m*, et n'ont aucune labiale. Des idiomes de cette confédération, celui des Onneyouths est le plus doux, étant le seul qui admette la lettre *l*, et celui des Tsonnonthouans le plus dur et le plus énergique. Les dialectes Algonquins sont remplis de consonnes, et par conséquent sans douceur ; néanmoins il y a des exceptions comme l'Abénaquis abondant en voyelles, et qui pour cette raison est plus harmonieux.

Les Indiens ne connaissaient point les lettres, ni conséquemment l'écriture, ni les livres. Toutes leurs communications se faisaient par le moyen de la parole, ou de figures hiéroglyphiques grossièrement tracées. Nous pourrions conclure que les signes alphabétiques dérivent de figures semblables, modifiées, abrégées dans l'origine d'une manière infinie par le génie des peuples. La figure d'un animal gravée sur une feuille d'écorce de bouleau, indiquait à un Indien le symbole de sa tribu, et les autres marques tracées autour renfermaient un message de ses amis. Tels étaient les signes qui constituaient l'écriture des peuples de l'Amérique. Ce système était bon pour communiquer laconiquement quelques sentences ; mais il était insuffisant pour exprimer une suite de raisonnements, ou même les faits de l'histoire ; du moins ils ne savaient pas en faire usage pour un objet aussi important.

Le Sauvage qui peignait sa pensée sur l'écorce d'un arbre par une image, employait aussi un style figuré dans la parole. Son intelligence n'était point formée à l'analyse, il avait peu d'idées complexes et de conceptions purement mentales. Il pouvait exprimer par des mots les choses qui tombent sous les sens ; mais il en manquait pour exprimer les opérations de l'esprit. Il n'avait pas de nom pour désigner la justice, la continence ou la gratitude. Cependant les éléments de son idiome n'attendaient que l'appel de l'esprit, pour lui fournir les expressions dont il pourrait avoir besoin.

Mais si sa langue n'était point surchargée de termes métaphysiques, d'expressions complexes, elle possédait en revanche un coloris frais et pittoresque avec ces grâces simples et naïves que donne la nature. C'était le pinceau de Rubens, dont les couleurs brillantes et habilement ménagées font oublier les défauts qui peuvent se trouver d'ailleurs dans le tableau. Ses expressions hardies et figurées, et son allure libre et toujours logique, la rendaient très propre à l'éloquence, et aux reparties nobles et incisives à la fois.

Le geste, l'attitude, l'inflexion de la voix, si naturels chez les Sauvages, donnaient aussi beaucoup de force à l'expression de leurs pensées. Ils employaient les métaphores les plus belles ou les plus énergiques. Chaque mot qu'ils disaient allait au but ; ils avaient le secret de la véritable éloquence.

S'il est quelque chose qui distingue les langues américaines, c'est le mode synthétique. L'Indien ne sépare pas les parties constituantes de la proposition qu'il énonce ; il n'analyse jamais ; ses pensées sont exprimées par groupes et font de suite un tableau parfait. L'absence de toute raison réfléchie, de toute analyse logique d'idées, forme le grand trait caractéristique des idiomes sauvages [1]. Toutes les expressions doivent être définies, et les Algonquins ni les Iroquois ne peuvent dire *père*, sans ajouter le pronom *mon*, *notre*, *votre* père, etc. Ils ont très peu de termes génériques. Chaque chose est désignée par un nom propre ; ils n'ont pas de mots pour indiquer l'espèce, mais l'individu. Ils disent bien un *chêne blanc, rouge* ; mais ils n'ont pas de terme pour exprimer simplement un *chêne*. Ils en ont une foule pour exprimer la même action modifiée par le changement d'objet. De là une précision étonnante dans leur langage.

La nature des langues indiennes permet de ne faire qu'un seul mot du nom, du pronom et de l'adjectif, et « ce composé peut ensuite prendre les formes du verbe, et subir tous les changements et comprendre en lui-même toutes les relations que ces formes peuvent exprimer [2] ». Cette propriété a l'effet de varier à l'infini les expressions.

Les terminaisons des verbes ne changent jamais, les variations s'expriment par des mots ajoutés. Il y a souvent des transpositions singulières de syllabes de différents mots ; en voici un exemple. *Ogila* signifie feu, et *Cawaunna*, grand ; au lieu d'ajouter au premier mot, le dernier,

1. Bancroft.

2. Spencer. *Smith's History of New-York.*

pour dire un grand feu, on mêle les deux ensemble pour n'en faire qu'un seul, et l'on dit *Co-gila-waunna.* Il existe entre toutes les langues indiennes depuis la baie d'Hudson jusqu'au détroit de Magellan une analogie qui mérite d'être observée; c'est une disparité totale dans les mots à côté d'une grande ressemblance dans la structure. Ce sont comme des matières différentes revêtues de formes analogues. Si l'on se rappelle que ce phénomène embrasse presque de pôle à pôle tout un côté de notre planète, si l'on considère les nuances qui existent dans les combinaisons grammaticales (dans les genres appliqués aux trois personnes du verbe, les réduplications, les fréquentatifs, les duels), on ne saurait être surpris de trouver chez une portion si considérable de l'espèce humaine une tendance uniforme dans le développement de l'intelligence et du langage.» (*Voyage de Humboldt et Bonpland*)

Gallatin va encore plus loin; il est d'opinion que l'uniformité de caractère dans les formes grammaticales et la structure de toutes les langues indiennes, indique une origine commune à une époque très reculée.

De tout cela, l'on peut conclure avec Duponceau que les formes grammaticales qui constituent l'ordre, l'ensemble d'une langue, ne sont pas l'ouvrage de la civilisation, mais de la nature; et qu'elles sont une conséquence de notre organisation. Le caractère synthétique des langues sauvages nous permet, selon les uns, de tirer une autre conclusion encore plus certaine, c'est que les ancêtres des Indiens ne descendent pas de nations plus civilisées qu'eux. Leurs langues porteraient en elles-mêmes la preuve qu'elles n'ont jamais été parlées que par des peuples plongés dans des ténèbres, où n'avait jamais lui la lumière de la civilisation.

D'autres, parmi lesquels il faut compter Alexandre de Humboldt, disent qu'aucune des langues de l'Amérique n'est dans cet état d'abrutissement, que longtemps et à tort on a cru caractériser l'enfance des peuples ; et que plus on pénètre dans la structure d'un grand nombre d'idiomes, et plus on se défie de ces grandes divisions de langues, en langues synthétiques et langues analytiques, qui n'offrent qu'une trompeuse simplicité[1].

On s'est demandé quelquefois si les hommes de la race rouge étaient doués de facultés intellectuelles aussi puissantes que ceux de la race européenne. Si la même question avait été faite aux Romains, sur les barbares qui envahissaient leur empire, ils auraient probablement répondu comme nous le faisons aujourd'hui à l'égard des Sauvages. En vain veut-on tirer des déductions, pour expliquer les efforts infructueux qu'on a faits pour les civiliser, de la conformation physique de leur crâne et de leur figure, même de leur teint, elles seront toujours entachées de l'esprit de système, répudié avec raison de nos jours dans la solution de questions de cette nature. Combien n'a-t-il pas fallu de générations pour civiliser les barbares qui inondèrent l'Europe dans les premiers siècles de l'ère

1. On lit dans le second entretien du comte de Maistre, que le Sauvage est le descendant dégénéré d'un homme civilisé. « Par une suite de la même erreur on a pris, dit-il, les langues de ces Sauvages pour des langues commencées, tandis qu'elles sont et ne peuvent être que des débris de langues antiques, *ruinées* s'il est permis de s'exprimer ainsi, et dégradées comme les hommes qui les parlent. » C'est à ce sujet que cet écrivain plein d'imagination exprime l'opinion que les castors, les hirondelles et les abeilles sont des êtres dégénérés ! (*Soirées de Saint-Petersbourg*).

chrétienne ? Et ils étaient venus s'asseoir au sein de populations policées et très nombreuses ; ils étaient entourés des monuments que les arts et les sciences avaient élevés dans la Grèce, en Italie, dans les Gaules et en Espagne. Si, au lieu d'avoir tous les jours sous les yeux une civilisation aussi avancée et vers laquelle ils étaient entraînés comme malgré eux, puisqu'ils vivaient sous son influence immédiate, ils n'avaient trouvé que des forêts et des bêtes sauvages, pourrait-on calculer le temps qu'il leur aurait fallu pour sortir de la barbarie.

Rien n'autorise donc à croire que les facultés intellectuelles des Indiens fussent inférieures à celles des barbares qui ont renversé l'empire romain. S'ils ont succombé devant la civilisation, c'est que cette civilisation leur est apparue tout à coup, sans transition, avec toute la hauteur qu'elle avait acquise dans quinze siècles. On a voulu leur enseigner en quelques années, ce qu'on avait mis soi-même tant de temps à apprendre. Il aurait fallu les former graduellement, et non pas faire briller tout à coup sur leur intelligence encore si faible, tout l'éclat des feux étincelants du génie moderne.

Si les Indiens n'ont jamais été civilisés, s'ils étaient avec cela susceptibles de le devenir, il est impossible non plus de croire qu'ils soient venus même en contact avec aucune autre nation plus avancée qu'eux, car ils en auraient conservé quelque chose. Ils ne connaissaient point la vie pastorale ; ils n'avaient ni vaches, ni moutons, et ils ignoraient l'usage du lait pour la nourriture[1]. La cire

1. « Il existe entre les Sauvages américains et les Arabes-Bédouins d'Afrique et d'Asie, cette différence essentielle, que le Bédouin vivant sur un sol pauvre d'herbage, a été forcé de rassembler près de lui, et d'apprivoiser des animaux doux et

leur était également inconnue de même que le fer. Ils n'auraient jamais perdu l'usage de ce métal, qui eût été d'un si grand avantage pour eux, s'ils en eussent une fois acquis la connaissance. Doit-on inférer de là que leurs ancêtres n'ont pas émigré de l'Asie, où toutes ces choses sont connues et utilisées ? D'où viennent donc les hommes de la race rouge ? Sont-ils les propres enfants du sol américain ? Mais, d'un côté, l'Amérique centrale aurait été jadis civilisée ; les ruines de Palenque et de Mitla sur le plateau du Mexique indiquent l'existence d'une nation très avancée dans les arts ; et de l'autre, la race rouge offre une ressemblance frappante avec la race mogole. M. Ledyard, voyageur américain, écrivait de la Sibérie que les Mogols ressemblaient sous tous les rapports aux Aborigènes de l'Amérique. Ces diverses circonstances réunies et comparées semblent appuyer et détruire à la fois les diverses hypothèses de l'ingénuité humaine. L'on a découvert dans l'Amérique les traces d'un courant d'émigration venant du nord-ouest et allant vers l'est et le sud. Les Tschukchi du nord-est de l'Asie et les

---

patients, de les traiter avec économie et douceur, et de vivre de leur produit, lait et fromage, plutôt que de leur chair ; comme aussi de se vêtir de leur poil plutôt que de leur peau ; en sorte que par la nature de ces circonstances topographiques, il a été conduit à se faire pasteur et à vivre frugalement sous peine de périr tout à fait : tandis que le Sauvage américain, placé sur un sol luxuriant d'herbes et de bocages, trouvant difficile de captiver des animaux toujours prêts à fuir dans la forêt, trouvant même plus attrayant de les y poursuivre, et plus commode de les tuer que de les nourrir, a été conduit par la nature de sa position à être chasseur, *verseur de sang*, et mangeur de chair. » (Volney : *Tableau des États-Unis*)

Esquimaux de l'Amérique paraissent avoir la même origine, comme semble le prouver l'affinité de leurs langues. On a remarqué que, quoique les Tschukchi et les Tungousses n'entendent rien à la langue des Esquimaux, ceux-ci les regardaient néanmoins comme des peuples de la même race qu'eux [1]. Les Tungousses de la Sibérie sont l'image de nos Indiens ; et si nous parcourons l'Amérique en partant du nord, nous trouvons plus de langues primitives vers le golfe du Mexique que partout ailleurs [2], comme si les nations, arrêtées par le rétrécissement soudain du continent en cet endroit, s'étaient précipitées les unes sur les autres. Néanmoins aucune de ces langues n'a d'analogie avec celles de l'Asie ou de l'Europe. Si l'on adopte l'hypothèse de l'émigration asiatique [3], il faut supposer que les Esquimaux et les Tschukchi formaient la queue de cette immense torrent de population, qui s'est arrêté au moment où ces deux peuples étaient, l'un sur la rive de l'Amérique, et l'autre sur celle de l'Asie, séparés au détroit de Behring par un bras de mer de quarante quatre milles géographiques de largeur seulement. Les Californiens et les Aztèques prétendent, d'après leur tradition, venir du nord [4]. On a inventé bien des systèmes pour expliquer l'origine des Indiens ; les uns les font

1. G.P. Muller : *Voyages et découvertes des Russes.*

2. Gallatin.

3. Le P. Acosta supposait que l'Amérique avait été peuplée par le nord de l'Asie ou de l'Europe ou par les terres qu'il supposait voisines du Détroit de Magellan.

4. Les *Chichimèques* qui s'établirent sur le lac de Mexico, et les Mexicains qui les subjuguèrent, venaient de la Californie. (*Herrera, etc.*)

descendre des tribus perdues d'Israël[1], les autres des peuples de l'Atlas[2], ceux-ci des Chinois, ceux-là des nations polynésiennes ; et en effet nous ignorons combien le globe a subi de révolutions physiques dans les mers du sud et dans l'océan Pacifique et Atlantique[3] ; des continents peuvent y avoir été submergés, et qui sait si les nombreuses îles qu'on y rencontre, n'en sont pas des débris ? Suivant la tradition des Indous, il existait autrefois une région nommée Atala, laquelle s'est abîmée dans la mer[4]. Mais, à l'aide de ces suppositions, on peut enfanter ainsi bien des hypothèses, sans que les unes jettent plus de lumière sur la question qui nous occupe que les autres. Jusqu'à ce que l'on ait des données plus certaines ; que l'étude comparée des races et des langues américaines et asiatiques soit plus approfondie ; que l'archéologie nous ait mieux fait connaître, par ses découvertes, tous les secrets que peut renfermer ce continent sur son ancienne histoire, il est donc plus sage de se ranger à l'opinion qui paraît la plus vraisemblable, d'après toutes les connaissances qui ont été recueillies jusqu'à ce jour, savoir : que les Sauvages de l'Amérique septentrionale ont eu leur berceau dans les déserts de la Tartarie.

1. Aria Montanus, et une foule d'autres jusqu'à Adair, etc.

2. Grotius.

3. J.H. McCulloch : *Researches on America*, p. 35.

4. Recherches Asiatiques.

Bibliographie

Œuvres

1. Poésie

La presque totalité des poèmes de François-Xavier Garneau se trouve dans le *Répertoire national* de James Huston (1848-1850), Montréal, VLB, édition de Robert Melançon, 4 tomes, 1982. On consultera aussi l'étude de Paul Wyczynski, «La poésie de François-Xavier Garneau», parue dans *Le romantisme au Canada*, sous la direction de Maurice Lemire, Québec, Nuit Blanche Éditeur, «Les Cahiers du CRELIQ», 1993, p. 233-251.

*2. Éditions de l'*Histoire du Canada depuis sa découverte jusqu'à nos jours

Histoire du Canada depuis sa découverte jusqu'à nos jours, 1re édition, Québec, 4 vol.: t. I, Imprimerie N. Aubin, 1845 ; t. II, 1846; t. III, Fréchette et Frère, 1848 ; t. IV, John Lovell, 1852.

Histoire du Canada depuis sa découverte jusqu'à nos jours, 2e édition corrigée et augmentée, Québec, John Lovell, 1852, 3 vol.

Histoire du Canada depuis sa découverte jusqu'à nos jours, 3e édition revue et augmentée, Québec, P. Lamoureux, 1859, 3 vol.

Histoire du Canada depuis sa découverte jusqu'à nos jours, 4e édition, comprenant un poème de Louis Fréchette, une table analytique par Benjamin Sulte, une biographie par P.-J.-O. Chauveau et, par le même, le discours prononcé sur la tombe de F.-X. Garneau, Montréal, Beauchemin et Valois, 1882, 4 vol.

Histoire du Canada depuis sa découverte jusqu'à nos jours, 5e édition revue, annotée et publiée avec une introduction et des appendices par son petit-fils Hector Garneau, et une préface de Gabriel Hanotaux, de l'Académie française, Paris, Librairie Félix Alcan, 2 vol. : t. I, 1913 ; t. II, 1920. (Le texte de cette édition sera repris dans les 6e et 7e, toujours chez Félix Alcan, en 1920 et 1928.)

Histoire du Canada depuis sa découverte jusqu'à nos jours, 8e édition entièrement revue et augmentée par Hector Garneau, Montréal, Éditions de l'Arbre, 9 vol.

Histoire du Canada français, Montréal, Les Amis de l'histoire, Paris, François de Beauval, 1969, 6 vol. (Le texte est celui de la 4e édition. Réédité en 1973.)

Histoire du Canada français, Montréal, François de Beauval éditeur, Genève, Éditions Famot, 1976-1980, 10 vol. (Les quatre derniers volumes, qui conduisent l'*Histoire* jusqu'en 1979, ne sont évidemment pas de Garneau.)

3. Autres publications historiques

Une page de l'Histoire du Canada, Québec, s. é., 1843.

Abrégé de l'Histoire du Canada, depuis sa découverte jusqu'à 1840, Québec, A. Côté, 1856. (Trois autres éditions suivront: la deuxième, revue et corrigée par l'auteur, la quatrième contenant la relation des événements survenus de 1840 à février 1881, par Alfred Garneau et P.-J.-O. Chauveau.)

« Une conclusion d'Histoire », dans *La Revue canadienne*, Montréal, E. Sénécal, t. I, 1864, p. 413-434.

Additions à l'Histoire du Canada de F.-X. Garneau, Québec, C. Darveau, *1864*.

4. Récit de voyage

Voyage en Angleterre et en France, dans les années 1831, 1832 et 1833, Québec, Augustin Côté & Cie, 1855. (Avait paru auparavant en feuilleton dans le *Journal de Québec*.) Réédition en 1968 : texte établi, annoté et présenté par Paul Wyczynski, Ottawa, Éditions de l'Université d'Ottawa, coll. « Présence », Publication du Centre de recherche en littérature canadienne-française de l'Université d'Ottawa.

« Voyage de Garneau », dans *La littérature canadienne de 1850-1860*, Québec, Desbarats et Derbishire, 1863, p. 179-257 (abrégé du précédent). Repris sous le titre de *Voyages* chez Léger Brousseau, Québec, en 1878.

Quelques études

CHAUVEAU, P.-J.-O., *François-Xavier Garneau, sa vie et ses œuvres,* Montréal, Beauchemin et Valois, 1883.

CASGRAIN, l'abbé H.-R., *De Gaspé et Garneau,* Montréal, Librairie Beauchemin, 1912.

Centenaire de l'Histoire du Canada de François-Xavier Garneau, Deuxième semaine d'histoire à l'Université de Montréal (23-27 avril 1945), Société historique de Montréal, 1945. Sur Garneau et son œuvre, textes de Gustave Lanctot, Lionel Groulx, Olivier Maurault, Jean Bruchési, Armand Yon, Thomas Charland, Georges Robitaille, Maurice Hébert.

FRÉGAULT, Guy, « Actualité de Garneau », dans *L'Action universitaire,* Montréal, mars 1945, p. 8-16.

LANCTOT, Gustave, *François-Xavier Garneau, historien national,* Montréal-Paris, Fides, 1946.

LAUZIÈRE, Arsène, *François-Xavier Garneau,* textes choisis et présentés par Arsène Lauzière, Montréal, Fides, « Classiques canadiens », 1965.

WYCZYNSKI, Paul (dir.), *François-Xavier Garneau. Aspects littéraires de son œuvre,* Ottawa, Éditions de l'Université d'Ottawa, « Visage des lettres canadiennes », Publications du Centre de recherche en littérature canadienne-française de l'Université d'Ottawa, 1966. Textes d'Odette Condemine, François Gallays, Paul Wyczynski, Charles Bolduc, Sœur Paul-du-Sauveur.

GAGNON, Serge, *Le Québec et ses historiens de 1840 à 1920. La Nouvelle-France de Garneau à Groulx,* Québec, Presses de l'Université Laval, « Les Cahiers d'histoire de l'Université Laval (23)», 1978. Sur Garneau, p. 288-324.

SAVARD, Pierre, «François-Xavier Garneau», dans Laurier LAPIERRE (dir.), *Four O'Clock Lectures. French Canadian Thinkers of the Nineteenth and Twentieth Centuries,* Montréal, McGill University Press, 1966, p. 23-30.

——, «Les rééditions de *l'Histoire du Canada* de François-Xavier Garneau devant la critique, 1913-1946», *Revue d'histoire de l'Amérique française,* vol. 28, n° 4, mars 1975, p. 539-553.

SAVARD, Pierre et Paul WYCZYNSKI, «Histoire du Canada depuis sa découverte jusqu'à nos jours», dans Maurice LEMIRE (dir.), *Dictionnaire des œuvres littéraires du Québec,* Montréal, Fides, 1978, tome I, p. 347-355.

DUMONT, Fernand, *Genèse de la pensée québécoise,* Montréal, Boréal, 1993. Sur Garneau, p. 279-293.

BERGERON, Gérard, *Lire François-Xavier Garneau (1809-1866), «historien national»,* Québec, Institut québécois de recherche sur la culture, 1994, 244 p.

MARCOTTE, Gilles (dir.), «François-Xavier Garneau et *son Histoire*», Montréal, *Études françaises,* 30-3, 1er trimestre 1995, Presses de l'Université de Montréal. Textes de Robert Melançon, Gilles Marcotte, Suzanne Martin, Julie Potvin, Rainier Grutman, Marcel Trudel, William J. Eccles, Ramsay Cook, Fernand Ouellet.

Table des matières

AGMV
MARQUIS
Québec, Canada
1999